FOLLOW THE EXAMPLE

状元学习法

学习习惯养成计划

30天优质学习素质养成

王大明 ◎ 编著
状元工坊 ◎ 组编

语文

机械工业出版社
CHINA MACHINE PRESS

第二周培养计划

语　　文

　　语文的学习贯穿孩子的整个求学生涯。无论是小学阶段、初中阶段，还是高中阶段，语文这一学科的重要性都不言而喻。如今早已不是"学好数理化，走遍天下都不怕"的年代了，传统的"重理轻文"的陋习使得很多学生在语文学习上面投入的精力十分有限，方法也大多不甚得当。清华、北大等一流高校学生的成功经验表明：语文这一科目的学习需要积累，需要从小的坚持与努力。语文学科中，有一些普遍客观规律，有贯穿始终的学科知识点和关键点，如：语文中的阅读理解、作文、背诵、积累等。掌握这些关键知识点，并进行有针对性的学习、训练，一定能帮助广大中小学生，有效提高语文综合素质，提升语文考试成绩。

第二周培养计划　语文

目　录

第二周　第一天　语文学科特点及学习方法　　　　　　　／001

第一部分　课前准备

自我检查|发现问题|自我反省　　　　　　　　　　　　／003

第二部分　正课

状元的语文学习　　　　　　　　　　　　　　　　　　／008

第三部分　提升

我要这样学语文　　　　　　　　　　　　　　　　　　／019

第二周　第二天　语文教材的使用与背诵　　　　　　　　／027

第一部分　课前准备

自我检查|发现问题|自我反省　　　　　　　　　　　　／029

第二部分　正课

语文教材的使用与背诵　　　　　　　　　　　　　　　／034

第三部分　提升

语文教材的使用与背诵　　　　　　　　　　　　　　　／044

第二周　第三天　语文阅读理解　　　　　　　　　　　　／049

第一部分　课前准备

自我检查 | 发现问题 | 自我反省　　　　　　　　　　　　　/ 051

第二部分　正课

语文阅读理解　　　　　　　　　　　　　　　　　　　/ 055

第三部分　提升

语文阅读理解　　　　　　　　　　　　　　　　　　　/ 064

第二周　第四天　语文作文　　　　　　　　　　　　　/ 069

第一部分　课前准备

自我检查 | 发现问题 | 自我反省　　　　　　　　　　　　　/ 071

第二部分　正课

语文作文　　　　　　　　　　　　　　　　　　　　　/ 076

第三部分　提升

语文作文　　　　　　　　　　　　　　　　　　　　　/ 087

第二周　第五天　语文做题方法　　　　　　　　　　　/ 093

第一部分　课前准备

自我检查 | 发现问题 | 自我反省　　　　　　　　　　　　　/ 095

第二部分　正课

语文做题方法　　　　　　　　　　　　　　　　　　　/ 100

第三部分　提升

语文做题方法　　　　　　　　　　　　　　　　　　　/ 110

第二周　第六天　语文课外阅读与积累　　　　　　　　/ 115

第一部分　课前准备

自我检查 | 发现问题 | 自我反省　　　　　　　　　　　　　/ 116

第二部分　正课

课外阅读与积累　　　　　　　　　　　　　　　　　/ 121

第三部分　提升

语文课外阅读与积累　　　　　　　　　　　　　　　/ 133

第二周　第七天　语文教辅资料与课外阅读推荐　　　/ 137

第二周　第一天

语文学科特点及学习方法

想学好语文，首先需要对语文学科的特点、总体学习方法进行宏观理解，以求整体把握。古人云："会当凌绝顶，一览众山小。"只有站在高处，窥到语文学科的整体面貌，我们才能更深刻地理解语文的学习之道、领悟语文学科的考核之要，方能从根本上解决因对学科整体"无知"而引起的学习困惑。

第一部分　课前准备

自我检查 | 发现问题 | 自我反省

认知测评：你对语文学科的看法

如下是针对语文学科的各类观点，请在"认同""反对"两栏中二选一打"√"。

序号	关于语文学科	认同	反对
1	语文学科是我们在求学过程中最早接触的学科之一。		
2	语文不是一门完全独立的学科，有时也涵盖其他学科知识，联系最大的就是历史知识，所以说文史不分家。把语文的功底练好了，以后学政治、历史、地理等科目，就会变得容易。		
3	平日里语文成绩好的同学，他们在语文学科方面的学习习惯通常也比较好。		
4	语文学习不需要积累，只要肯努力，短时间内成绩就能获得很大提高。		
5	语文是基础中的基础，语文学科的主要任务是培养学生的语文素质。		
6	语文学科的学习特点就是杂，听、说、读、写样样都要通。想要考好语文，一要多听，二要多读，三要多看，四要多写。		

（续）

序号	关于语文学科	认同	反对
7	学好语文的第一点就是阅读。阅读是越早做越好，特别是在小学时候，就要养成语文的阅读习惯。因为到了初、高中之后，就没有太多空余的时间去进行课外延伸阅读了。		
8	语文学习要坚持"贝多芬（背多分）"原则，不要怕麻烦，也不要怕记不住。凡是老师要求背诵的，都应该一丝不苟地背诵，一遍记不住背两遍，两遍记不住背三遍，直到真正会背，能够脱口而出为止。课文选段、诗词歌赋、老师的板书、自己的笔记、考试的错题、作文中的好词好句，都应该去背一背。		
9	语文成绩往往是我们各科考试成绩中的最低分。一方面是因为语文比较难学，要靠很多的积累，不是一朝一夕就可以获得很大提升的。另一方面是因为很多时候我们对语文的重视程度不够。		
10	很多同学在语文作文方面失分较多，根本原因在于：关于作文的训练，费时费力，通常无法在课堂内完成。往往只是老师布置了题目，由学生课后自主写作完成，缺乏监督。很多人只是应付，无法坚持。		

学习检视：你是如何学习语文的

根据自身的实际情况，完成下表。

序号	问 题	选择 / 回答
1	你现在的语文成绩如何？	□ 优秀　□ 良好 □ 一般　□ 较差
2	在语文学习中，哪些项是你的强项，哪些项是你的弱项？（在强项前打√，在弱项前打 ×）	□ 背诵　　□ 书写　□ 字词 □ 基础知识　□ 阅读理解 □ 古文赏析　□ 作文　□ 课外阅读
3	语文学习用时占到你所有学科学习总时长的比例是多少？	□ 50% 以上　　□ 30%~50% □ 20%~30%　　□ 20% 及以下
4	你认为语文这门学科的难易程度如何？	□ 容易　□ 一般　□ 较难　□ 很难
5	你每天花费在完成语文作业上的时间是多少？	□ 60 分钟及以上　□ 30~60 分钟 □ 30 分钟以内
6	在语文学习方面，你平时养成了哪些习惯？	□ 课前预习　　□ 课后复习 □ 课堂认真听讲 □ 坚持记日记或周记 □ 课外阅读　□ 高质量完成作业

（续）

序号	问 题	选择/回答
7	你喜欢语文吗？（喜欢/不喜欢）原因是什么？（具体说明）	
8	要学好语文，你觉得自己还需要在哪些方面做出改变或努力？（具体说明）	
9	你最想在语文这科的哪些方面得到提升？	□作文 □阅读理解 □知识积累 □其他（具体说明） _____ _____ _____ _____
10	在语文学科方面，你有错题本（难题本）吗？与同龄人相比，你的阅读量相对来讲，处于什么水平（较多/相同/较少）？你家里的藏书量大约有多少本？（具体说明）	

第二部分　正课

状元的语文学习

请按照本教材指定的地址
学习本章节视频课程内容

状元录

收看视频课"第 8 课:语文学科特点及学习方法",完成下表。

状元分享要点	我的收获

状元锦囊

> 锦囊 1
> 状元眼中的语文学科特点

田佳轩　北京大学　历史学系　2016 级本科生

　　叶圣陶先生说过,"口头为语,书面为文"。语文,其实就是语言和文字的统一。语文作为一门学科,离不开语言和文字,它的学习特点与数理化等学科有着明显的差异。

薛陈　清华大学　经济管理学院　2016 级本科生

　　语文科目是一个丰富、有趣,对我们心智培养起着至关重要作用的学科。这门学科最考验学生的是文字积累的功底和细致的态度。

李雪丹　北京大学　外国语学院　2017 级本科生

　　语文是基础中的基础。语文学科的主要任务是培养学生的基本语文素质。语文素质是什么呢?用韦志成教授的话来说,就是"能正确理解和运用祖国的语言文字,积累丰富的语言材料,具备熟练的语言交际能力和深厚的语言文化"(《现代阅读教学论》)。在中小学阶段所学的学科中,唯有语文学科把培养学生的语文素质当作根本任务和目的。

付瑞璐　北京大学　新闻与传播学院　2016 级本科生

　　我认为语文学科是所有学科的基础。为什么这么说？首先，语文学科能够帮助我们去理解其他学科的内容。好的文字理解能力，会帮助我们更加方便地提升其他学科的逻辑学习能力，也有助于提高我们考试时对题目题意的把握和理解。

> 锦囊 2
> 学习语文时，需要养成哪些好习惯

田佳轩　北京大学　历史学系　2016 级本科生

　　我来列举几个语文学习的习惯，请大家思考一下，是否都已经完全做到。第一，熟读、背诵的习惯；第二，阅读课外优秀作品或名著；第三，推敲语言文字；第四，积累语言材料；第五，记日记或经常写作；第六，规范化书写；第七，专注听他人讲话；第八，平时说话文明得体；第九，勤思考、善质疑；第十，经常查工具书，如字典和成语词典等。

薛陈　清华大学　经济管理学院　2016 级本科生

　　我在读小学、初中的时候，学习语文的习惯就是课前预习、上课认真做笔记、下课复习、认真完成老师布置的作业、充分吸收每天的新知识。课外的时候，看一些《意林》《儿童文学》等这些既有趣同时又能拓展我们的思路、还能积累文学素材的课外书。这中间，每一个学习环节都很重要。只有做完整了，学习语文的习惯才能形成一个良性的闭环。而且完成的时候，我是十分认真仔细的，每一步我都会踏踏实实去落实，以期从中得到收获。

李雪丹　北京大学　外国语学院　2017 级本科生

要考好语文，一要多听，二要多读，三要多看，四要多写。这也是中小学学生学习语文应该培养的习惯。多听，听什么？听古诗词朗诵，听演讲。多读，读什么？朗读文言文，朗读古今诗词，朗读课文。多看，看什么？看古今中外名著，看作文范文。多写，写什么？写读书笔记，写日记随笔，小说、散文也可多作尝试。那么要不要背？当然要背，这个工作贯穿在上述听、读、看、写的整个过程中。听人演讲的时候，要记住他的核心观点是什么，有哪几个论据。听人朗诵古诗词的时候，要记住他的抑扬顿挫在哪里。看名著的时候，要记住好词好句。看范文的时候，要记住人家的行文构思。这个"记"字是语文学习中核心的步骤。只有你记住了，知识才能真正为你所吸收。

付瑞璐　北京大学　新闻与传播学院　2016 级本科生

想要学好语文的首要任务就是多阅读，阅读是越早做越好，特别是最好在上小学时就要养成阅读的习惯，因为到了初高中之后，就很难有空余的时间进行课外的延伸阅读。小学学生在完成作业之余，做一些名著阅读，可以帮助有效提升自己的语文素养。从小做一些语文方面的积淀，能够帮助我们在初中阶段进行语文课的作文训练时，拥有更多的素材。

锦囊 3
怎样才能学好语文

田佳轩　北京大学　历史学系　2016 级本科生

学习语文的根本方法在于两大方面，一是素养的提升，二是题目的训练。题目的训练一般都是在六年级或初三面临大考前才会进行。所以平时，我们要更加注重素养的提升。

想要有效提升语文素养，我们需要注意以下三点。

第一，大量阅读。博览群书是培养我们语文素养的基本功之一，甚至可以说阅读是语文学习的根本。

第二，背诵经典。初中之前是学生的记忆黄金时间，背会的经典文章、名言佳句一般能形成长期记忆。除了课本上的古诗词以外，也可以适当背诵一些课外的古诗词，能在作文中适当引用的话有机会获得加分。

第三，勤于写作。写作是要经常训练才可以得到提高的。小学生可以通过每天写日记来训练，初中生可以以自己喜欢的内容、领域为素材来写作。一旦养成了写作的习惯，就会不由自主地去推敲怎样写更好，从而提高写作水平。

薛陈　清华大学　经济管理学院　2016 级本科生

语文是个语言类的学科，我们必须要怀着十分的投入和敬意去学习它。就好比我们的大脑是一个储存室，我们要一点一点放东西进去，放的时候，需要很仔细地了解它、掌握它，慢慢地，储存室越来越满，我们的知识容量也就越来越多。另外，我们需要定期去整理这个储存室，物件如果放进去之后就置之不理的话，它就会落灰，最终我们就会忘记它。对于我们脑海中的学识也是一样，我们要定时地去复习、去整理，这样才能真正驾驭它。

李雪丹　北京大学　外国语学院　2017级本科生

语文学习要坚持"贝多芬（背多分）"原则，不要怕麻烦，也不要怕记不住。凡是老师要求背诵的，都应该一丝不苟地背诵，一遍记不住背两遍，两遍记不住背三遍，直到真正会背，能够脱口而出为止。课文选段、诗词歌赋、老师的板书、自己的笔记、考试的错题、作文中的好词好句，都应该背一背。阅读是语文考试的难点，但阅读题目基本是由课后思考题演变而来的。所以，背完之后还应当懂得灵活变通，这对于取得高分和锻炼自己的语言理解、表达能力，非常重要。

付瑞璐　北京大学　新闻与传播学院　2016级本科生

语文这门学科属于"润物细无声"的类型。它不像数学，只要做题，就可以看到自己的提高；也不像英语，只要背单词、背语法、背短文，就能够摸清楚门路。语文不是仅仅依靠背诵、上课做题，就能够掌握的学科。作为我们的母语，很多时候我们小瞧了这门学科，总会有一种侥幸的心理，想着自己已经说了七、八年汉语了，语文还不是小意思吗？可事实上往往在语数外三门主科当中，语文最有可能考出我们的最低分。一方面是因为语文比较难学，要靠很多积累，不是一朝一夕就可以获得很大提升的。另一方面是因为我们很多时候，对语文不够重视。我们看到，很多人去上英语补习班、数学补习班，但很少有人去上语文辅导班。所以，要想把语文这门学科学好的话，最重要也是最首要的任务是要端正态度。

神思妙招

Tip 01

文史不分家。语文的功底练好了,以后学习史地政这些文科科目都会很容易。

Tip 02

汉语是我们的母语,这几年,语文学习越来越注重培养民族文化,鼓励我们去了解自己民族的历史。

Tip 03

低年级时,我们感觉语文课不过是每天读读课文,赏析几首诗词,和考试不搭边。其实不是这样,低年级阶段的语文课,其实是在提高我们的语文素养。

Tip 04

大量的课外阅读是提高我们语文水平不可替代的手段。语文成绩好的同学,几乎都有课外阅读文学作品的习惯。

Tip 05

　　语文学习贵在坚持，它不像数理化能在短短一个月内获得很大的提高，但如果坚持一学期、一年，然后再对比身边同学，你一定可以获得巨大的提升。

Tip 06

　　学好语文，一定是建立在热爱的基础上。语文是一个很有趣的学科，它能打开我们的视野，也能敞开我们的心扉，我们可以在这里无拘无束地飞翔，见证自己心智的点滴成长。

Tip 07

　　语文教材的文本语言分为两类：一类是逻辑语言，另一类是艺术语言。前者，是构成说明文、议论文等文体的主要语言；后者，则是记叙文、小说、文艺性散文及诗歌的通行语言，在报告文学、杂文、剧本中，艺术语言亦占较大比例。

Tip 08

　　阅读是语文考试的难点，但阅读题目基本是由课后思考题演变而来的。

Tip 09

一些同学在写数学作业或者英语作业时会无比认真，一笔一画地去写答案。但在写语文作业时，反而会出现各种省略，仅仅因为字太多了，懒得写。学好语文，千万不能犯懒。

Tip 10

课外阅读要基于我们已经打好的课内阅读基础再去拔高，千万不能够舍本逐末。有些时候，我们太过于急功近利，所以会选择投入很大的精力去做课外的阅读，而忽视了课本内容的研读。这是典型的"买椟还珠"行为。

第三部分　提升

我要这样学语文

汲取清华北大状元经验
反思自我语文学习现状
优化语文学习方法习惯
提升语文学习效率成绩

第一步:反思·我的语文学习

根据当前语文学习实际情况,对照下表,在最接近自己实际情况的选项上打√。

序号	内 容	选 项			
1	你认为语文学科: A. 很重要。　　B. 重要。 C. 一般。　　　D. 不重要。	A	B	C	D
2	你对老师要求背诵的内容: A. 全会背诵。　　B. 大部分都会背诵。 C. 一半会背诵。　D. 一小部分会背诵。	A	B	C	D
3	你在以下语文学习习惯方面,做得较好的是(可多选): A. 复习。　　B. 预习。 C. 作业。　　D. 课堂听讲。	A	B	C	D
4	你在以下语文学习习惯方面,做得不好的是(可多选): A. 复习。　　B. 预习。 C. 作业。　　D. 课堂听讲。	A	B	C	D
5	你的语文成绩在班级里属于: A. 优秀。　　B. 良好。 C. 一般。　　D. 较差。	A	B	C	D
6	哪些是你的薄弱项? A. 作文。　　B. 阅读理解。 C. 填写背诵。　D. 古文。	A	B	C	D

（续）

序号	内容	选项			
7	哪些是你的强项？ A. 作文。　　　　B. 阅读理解。 C. 填写背诵。　　D. 古文。	A	B	C	D
8	你把语文成绩的好坏归因为： A. 做题量。 B. 时间投入。 C. 上课效率。 D. 对这门科目的喜好程度。	A	B	C	D
9	你现在的阅读计划是： A. 每日阅读。　　B. 每周阅读。 C. 不定期阅读。　D. 从不阅读。	A	B	C	D
10	你每天做语文作业的时长是： A. 60分钟。　　　B. 30~60分钟。 C. 少于30分钟。　D. 很少到基本可以不计。	A	B	C	D
11	关于作文，你是否有练笔习惯？ A. 每天写日记。 B. 每周写周记。 C. 不定期写随笔。 D. 仅完成老师布置的作文作业。	A	B	C	D
12	你是否有好词好句积累本？ A. 有。　　　　　B. 没有。	A		B	

第二步：提升·我跟状元学语文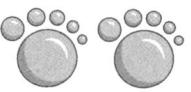

结合状元们的分享内容和个人自身情况，完成下表，为下一步提升做准备。

序号	比较内容		状元做法	我的做法	我的借鉴
1	学科理解	学科重要性			
2		学科特点			
3	基础能力培养	习惯培养			
4		阅读与积累			

（续）

序号	比较内容		状元做法	我的做法	我的借鉴
5	基础能力培养	课文与背诵			
6		写作的练习			
7	学习素质	学习态度			
8		持续坚持			

第三步：计划与实施

按照下表提示，根据当前的学习状况，制订符合个人实际情况的语文学科学习计划。

（一）计划列表

序号	学习重点	我的计划 （打算如何做）	实施时间 （打算什么时间做）
1	阅读计划	1. 课内阅读 2. 课外内容阅读	
2	语文背诵	1. 课文背诵 2. 课外内容背诵	
3	习惯改正	1. 作业习惯 2. 复习习惯 3. 知识的归纳整理 4. 听课习惯 5. 书写习惯 6. 错题与积累	
4	作文训练	1. 日记（周记） 2. 随笔练习 3. 作文作业	
5	针对弱项的专门训练计划	1. 2. 3. 4.	

（二）计划格式

语文每日学习计划表（示例）

时间段	具体时间	具体安排
周一至周五		
早上	6:00-7:00	利用洗漱、早餐时间对语文知识进行碎片化积累。收听古诗文朗诵节目。
早上	7:50-8:10	20分钟课堂早读（背诵前一天学习的课文，预习朗读下一节课文）。
学校时间	课堂听讲	积极听讲，记好笔记。
晚上	17:30-19:00	作业时间。完成各科作业（包含语文）。
	19:00-20:00	复习、预习、整理时间（包括语文的预习、复习、整理）。
	20:00-20:30	30分钟写日记时间。保证每天300字的随笔练习。
	21:00-21:30	睡前半小时。阅读10~20页经典名著。
周末时间（利用半天时间学习语文）		
周整理		对当周学习的语文教材内容，进行知识点总结、归纳。
周背诵		本周课文背诵、美文词句背诵。
周练笔		按照考试要求，试写一篇长文。
周阅读		按照阅读计划，完成本周阅读内容。

第二周　第二天

语文教材的使用与背诵

语文教材是我们在语文学习中，最常接触、也是最容易被忽视的重要工具。如何用好语文教材、如何在更大程度上发挥语文教材的价值，这是本章节中，我们要共同学习和解决的首要话题。另外，背诵能力与语言类科目的学习密不可分，背诵与语文学习、语文教材间的关系都极为紧密。语文科目中，哪些内容需要背诵、如何背诵、有什么好的背诵诀窍和方法等话题，也是本章节的学习重点。工欲善其事，必先利其器。用好语文教材、做好语文背诵，我们将会在语文学习中，无往不利，轻松无比。

第一部分　课前准备

自我检查 | 发现问题 | 自我反省

学习检视 1：你是如何使用语文教材的

根据你平时的实际情况，在下表"是"或"否"选项内打√。

序号	内　容	是	否
1	每到新学期，学校都会发给我们新的教材。我都是将新教材包好书皮之后"珍藏"起来，直到上第一堂语文课时才再次打开。		
2	我一般都会在拿到教材之后，首先翻阅一下这学期都有哪些要学习的文章和古诗词，看到感兴趣的会提前去读一读，也会翻翻每篇课文后的重点词语，不认识的字词也挨个查一查，也算是提前做词语积累。		
3	我很少将语文课本中的内容当作写作素材、美文词句积累的工具。因为，大家都有课本。我积累的素材都是从课外书、获奖作文等书籍上获取的。		
4	我会将语文课本中的内容作为积累素材的工具。课本中的每篇文章都是精心挑选的，都可以作为仿照写作的范文。我会把课本上的一些好词好句好诗积累下来，运用到作文当中，也可以提高作文的成绩。		
5	上新课的前一天，我会认真把课文读几遍，并借助辅导书在课本上做笔记，预习一下课文。这样上课的时候，比较能跟上老师的节奏。		

(续)

序号	内　容	是	否
6	我喜欢超前预习，看教材不是从新学期开始之后才开始看，而是从假期就要开始翻阅了。例如这次暑假之后，我就要上五年级了，那么我就会在开学前的两周，向哥哥姐姐借来五年级的课本翻阅预习。		
7	我特别在乎语文课本的整洁，从不在书上乱涂乱画。上课笔记尽可能记在专门的本子上，每个学期结束，我的语文书都崭新无比。		
8	我认为课本教材是为我们的学习服务的。我喜欢在语文书上做标记、画线，这样便于加深印象，也能帮助我更有效地回忆和复习。		
9	在学习新课前，我不会预习。一是花费太多时间，二是预习之后没了新鲜感，会影响我听课的专注效果。		
10	我觉得上课仅使用课本还不足够，需要一些听课工具与之匹配，例如：课堂笔记、字典、积累本和错题本等。		

学习检视 2：我的语文背诵

根据你平时的语文背诵学习情况，哪一项符合你的做法，在下表选项内打√。

序号	内 容	选 项			
1	在语文背诵的时间选择上，你通常会： A. 预习时事先背诵。 B. 课后立刻背诵。 C. 上课当晚复习时背诵。 D. 学习完了也要经过较长时间才能背下来。	A	B	C	D
2	在语文背诵方面，你一般会采取下列哪种做法？ A. 反复熟读课文，加深记忆。 B. 分段并逐段背诵。 C. 重点或难背的多次重复背诵，强化记忆。 D. 与小伙伴进行背诵竞赛。（可多选）	A	B	C	D
3	你会背诵课外内容吗？（若不会直接选 A）。你背诵过哪些课外的语文内容？ B. 古诗词。　　C. 名人名言。 D. 名著中的佳句。（B、C、D 项可多选）	A	B	C	D
4	背诵课文时，有个熟读阶段。这个阶段，你通常会： A. 大声朗读。　　B. 小声默念。 C. 边写边读。　　D. 手舞足蹈，表情夸张。	A	B	C	D
5	你的记忆黄金时间段是： A. 早上。　　B. 中午。 C. 下午。　　D. 晚上。	A	B	C	D

（续）

序号	内 容	选 项			
6	为了提高作文成绩，你会背诵满分作文吗？ A. 会。　　　B. 不会。	A	B		
7	你每天花费在语文背诵上的时间，大约是： A. 60 分钟。　　B. 30 分钟。 C. 30 分钟以内。　D. 时间不定。	A	B	C	D
8	你认为自己在语文背诵方面，属于： A. 背诵小天才——看几遍就能背下来。 B. 技巧达人——我总能找到快速背诵的方法。 C. 背诵劳模——不管花多少时间，我也要把它背出来。 D. 背诵困难户。	A	B	C	D
9	你觉得背诵记忆需要专门培训或训练吗？ A. 需要。 B. 不需要。	A	B		
10	回想一下，目前你记得最熟的是哪篇文章（或诗词），你是通过什么手段背诵下来的？ A. 花费较长时间背下来的。 B. 经常背，经常复习，就背熟了。 C. 特殊情况下（比如比赛、竞赛、表演时）背会的。 D. 其他原因。具体原因填写：_____	A	B	C	D

第二部分　正课

语文教材的使用与背诵

按照本教材指定地址
学习本章节视频课程

状元录

收看视频课"第 9 课:语文教材的使用与背诵",完成下表。

状元分享要点	我的收获

状元锦囊

> **锦囊 1**
> 拿到教材后,如何开启第一步

田佳轩　北京大学　历史学系　2016 级本科生

一般在拿到教材之后,我都会首先翻阅一下这学期有哪些要学习的文章和古诗词。看到感兴趣的,会提前读一读。也会翻翻每篇课文后的词语,不认识的字词也会挨个查一查,也算是提前做词语积累。

薛陈　清华大学　经济管理学院　2016 级本科生

拿到新学期语文教材后,我会迫不及待地把整本书都翻一遍,抽时间把里面吸引我的课文都看一遍,就像看故事一样。这个时候没有任何压力地去读,是一个很享受的过程。

李雪丹　北京大学　外国语学院　2017 级本科生

我看教材,不是新学期开始之后才看的,而是从学期前的假期开始看的。比如,这次暑假之后,我就要上五年级了,那么我会在开学前的一周,向哥哥姐姐借来五年级的课本,开始超前预习。有些同学借不到,那也没有关系,开学第一周领到新课本之后,同样可以开始预习后面要学习的内容。

付瑞璐　北京大学　新闻与传播学院　2016 级本科生

一般来讲，我会在一个学期开始之前，提前预习这个学期的教材内容。将教材的内容先通读一遍，尤其是现代文阅读。古文的阅读，我会放到比较靠后的时间再去仔细研读。相对于现代文阅读，古文阅读还是比较难的，需要花费更多的时间，在学习初期，以个人的能力，很难完全弄懂。

> 锦囊 2
> 语文教材的课堂使用

田佳轩　北京大学　历史学系　2016 级本科生

课上时间是我们使用语文教材最集中的时间段，培养课堂听课习惯尤为重要。课堂上，作为学生，我们要精读、深思，才能融会贯通。精读，就是要抓住重点字、词、句进行熟读或者研读，不能只是马马虎虎，浏览而已。中小学阶段，要做到精读整篇文章并不容易，但可以做到精读某段或某句，从小培养好听课的习惯。除了自己精读之外，课堂上我也会认真听老师的讲解，看老师是如何赏析一个句子，从哪些角度进行赏析，从而学会这些方法，触类旁通，下次也可以通过老师介绍的方法自己尝试进行赏析。

薛陈　清华大学　经济管理学院　2016 级本科生

上新课的前一个晚上，我会认认真真把要学的课文读两遍，然后借助辅导书在课本上做笔记，重点预习课文的行文结构、中心思想和片段赏析，这样，上课的时候就能较为轻松地跟上老师的节奏，也比较容易帮助我形成长久的记忆。上课听讲的时候，可以在书中补充一些笔记，下了课可以结合自己做的笔记再读一读课文的重点段落。一般学习完一篇课文后，课本对应的章节也就会记录得密密麻麻，对应的知识也能够掌握得比较扎实。

李雪丹　北京大学　外国语学院　2017级本科生

如何使用语文教材呢？当然是在课前预习、课后复习时好好看啦。我会在课前预习时，看一遍书，找出生字、生词。然后做课后习题，自己看课文想答案，把答案的关键词写在课后习题的空白处。老师上课时，就紧跟老师节奏，仔细听。当老师提问课后习题时，可以踊跃举手回答，看看自己想的对不对，一边听老师讲解课文，一边做笔记。一般老师在讲文章中心思想、分析某具体词汇、句子修辞手法时，就是你该动笔的时候。这些笔记，需要你反复浏览，乃至背诵。

付瑞璐　北京大学　新闻与传播学院　2016级本科生

课前预习一定要做得十分充分，这样才能够找准老师讲课的节奏点。当你能够找准老师讲课的节奏点后，听课会变得生动、容易，形成良性互动。从个人经验来讲，有时候我能准确地预测出老师接下来要讲的内容，它帮助我在课上更加专注。我们可以把每一节课看作是一场游戏，博弈的双方就是我们自己和老师。如果我们能够猜测出老师要讲的内容，对我们来讲就是胜利。看似乏味的课堂就变成了一场比较激烈的角逐。这样一来，我们的注意力就能充分集中在课堂上，不会转移到其他地方。

> 锦囊 3
> 语文教材与背诵

田佳轩　北京大学　历史学系　2016 级本科生

我在背诵的时候，会采用一些方法。

第一个方法是熟读课文，熟读到像背绕口令一样滚瓜烂熟，这样就很容易水到渠成地背会了。

第二个方法是逐段背诵。或许背诵一整篇文章很难，但是将它拆分成一段一段背，就不会那么难，能够背诵每一段之后，再去衔接，就可以背诵出整篇文章了。

第三个方法，记住每段开头第一个字和中间容易卡壳的字。在背诵的时候，总会遇到第一段背完，第二段开头因不熟悉需要他人提醒之后才可以继续背诵的情况，所以要注重背诵每段开头，这样就可以轻松地衔接全文。

第四个方法是标注重点背诵。我遇到篇幅较长文章的时候，一般会将一些重点的词句用彩色笔标注，然后熟读很多次。记住了这些重点，就可以将整篇文章衔接起来。

第五个方法，同学间互助背诵。我在初中和小学时担任过小组长，每次背诵课文时，都需要去监督本组同学的背诵情况，当听完同学们背诵之后，我发现自己也会背诵得更加熟练。如果同学之间能够相互监督、相互找错，不仅可以加快背诵的速度，也可以互相纠错，避免出现自己背诵错误了还不知道的情况，以防使错误固化。

薛陈　清华大学　经济管理学院　2016级本科生

背诵的方法是先通读。读到很熟练的程度，再依次把每个段落背下来，这样整体再读几遍，就可以把整个文章背下来了。我觉得，这样的背诵效率比较高。还有很重要的一点，就是读的时候一定要大声，默读没什么效果的。读的时候，要紧跟作者的思路，就是要思考作者的表达逻辑，如果只读不想，背诵是很困难的。

付瑞璐　北京大学　新闻与传播学院　2016级本科生

给大家分享一下我的背诵心得。首先是背诵时间的选择。大多数人都是选择早读时间来背诵，但每个人记忆的黄金时间是不一样的。我的黄金时间就是在下午，所以，我习惯把那些比较难背的内容放到下午去背，把比较容易背的内容放到早读课去背。这样，能让背诵的效率达到最大化。一些现代文阅读，我推荐课前背诵，因为现代文阅读更好理解，背诵完之后，老师在讲解时，我们就更容易理解到文章的主旨和内涵。但对于文言文，我推荐在老师讲解之后再去背诵。文言文的字词更难理解，当我们把它完整地理解为一篇现代文后，才更容易背诵。

> 锦囊 4
> 课外内容也需要背诵

田佳轩　北京大学　历史学系　2016 级本科生

背诵课外内容是提高语文素养的一个很好的途径。在中小学阶段，我主要背诵：优美的古诗词、名人名言、名著中的美句等。背诵课外内容，不仅能够帮助提高记忆能力，更重要的是在背诵过程中，加深了对这些内容的理解，那么在平日的语文学习和考试中可以将其运用于语文写作。这，对语文学习和应试都有极大帮助。

薛陈　清华大学　经济管理学院　2016 级本科生

课外的内容，我也会背一些。比如，看到课外书或作文书中一些写得好的片段，或者自己很喜欢的一首古诗，我都会背下来。一来是为了解解闷儿，二来这些素材将来在写作文的时候可以用得上。

付瑞璐　北京大学　新闻与传播学院　2016 级本科生

除了背诵课本上的内容，也可以去背诵一些比较精彩的文章或者段落，作为自己写作素材的积累。一方面可以按照自己的兴趣来进行拓展，另一方面可以找一些满分范文来进行背诵。将这些背熟后，运用起来就会得心应手。

神思妙招

Tip 01

课堂是使用语文教材最集中的时候,所以培养课堂上的听课习惯尤为重要。

Tip 02

课前,要借助工具书,认真阅读课文,将读不懂的地方提前做标注,有感悟的地方也做好笔记,做到心中有数。上课时,再听听老师是如何分析的。这样,我们可以加深对教材的理解,从而收获较好的听课效果。

Tip 03

课后复习时,建议大家再翻开课本。看到文章后,能基本再现老师在课堂上讲授的内容和情景,这样可以帮我们巩固所学知识,掌握教材全部内容。

Tip 04

中小学语文课本,每课都是精心挑选,可作为仿照写作的范文。如果能够将课本上的一些好词、好句、好诗积累下来,运用到作文当中,会大幅提高作文成绩。

Tip 05

预习的时候多读几遍课文,上课的时候也能跟着老师读几遍课文,课外的比如晚上或者早自习时间,也可用来重点背诵。

Tip 06

　　超前预习的第一步就是看目录。先快速浏览一遍，看这学期要学什么课文，古诗词、文言文都有几篇。第二步，快速翻书。翻到每一课的课后习题，看是否有要求背诵的段落。如果有一篇课文要求背诵，那就先做个记号。第三步，统计一下整本书有哪些该背的地方，然后制订时间表，规定自己在一定时间内，要把这些全都背完。这些工作，一般可在开学前的两周内完成。

Tip 07

　　只有不断重复记忆，才能记得牢。超前预习时背一遍，课上老师讲解时再背一遍，上课当天晚上回忆一遍，考前复习时即使忘了，也能很快重新记住。

Tip 08

　　语文学习的最佳节奏，是能够提前于老师授课进程大概半节课来安排学习进度。

Tip 09

　　很多人对课堂笔记有认识上的误区，以为把老师讲的所有内容一笔一画全记下来就是做好课堂笔记，实际上，这种做法浪费时间且容易分心。因为边听边写，对大部分人来说，都有难度。因此可以先听后写。先听一部分内容，然后将这一部分内容在脑中总结出来，再记到笔记本上。这样，可以做到边听讲边思考。

Tip 10

　　可以把每一节课看作是一场游戏。博弈的双方是我们自己和老师，如果能够猜测出老师要讲的内容，对我们来讲就是胜利。一堂看似乏味的语文课，就变成了一场比较激烈的角逐。

第三部分　提升

语文教材的使用与背诵

汲取清华北大状元经验
反思自我语文学习现状
优化语文学习方法习惯
提升语文学习效率成绩

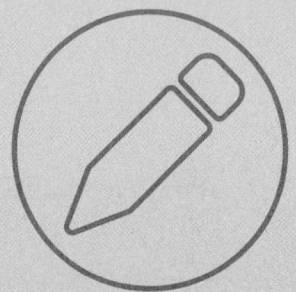

 第一步：反思·语文教材的使用与背诵

结合当前实际情况，完成下表（在你认同的选项上打√）。

序号	内容	是	否
1	领到语文课本（教材）时，我很少进行如下行为：全书预览、预习，清楚本学期所学内容。		
2	对比状元们的分享，我深知自己在语文课本使用方面存在不足。		
3	我在语文课堂听讲方面，基本上可以保持全程专注。		
4	要求背诵的课文，我都是在事先预习时，提前背诵。		
5	我不会提前背诵。我一般会把课文背诵环节安排在学习完新课后，单独背诵。		
6	我觉得自己有一套背诵语文的方法。状元们分享的背诵方法，我在日常学习中经常使用。		
7	在语文课堂听讲时，我的注意力不太集中，容易走神。		
8	我会在一天里最好的记忆时间段安排记忆或背诵最难的内容。		
9	我在语文背诵方面有压力。课文背诵通常占用我较长时间。		
10	我擅长背诵与积累。因此，在作文方面一直很优秀。		

第二步:提升·改进计划与方案

听完状元们本节的分享内容,请针对你在语文课本的使用与课文背诵的方法,做出改进与提升计划。

序号	改进内容	目前情况	提升计划
1	例如:超前预习	以前从不进行超前预习	○ 新学期前,提前两周拿到新教材 ○ 根据目录,通读全书,做到心中有数 ○ 制定提前背诵计划表。针对课文背诵篇目和数量,制定提前背诵计划
2			
3			
4			

（续）

序号	改进内容	目前情况	提升计划
5			
6			
7			
8			

第二周　第三天
语文阅读理解

阅读理解是语文这门科目要考查的一项基本能力，也是语文考试中占比较大的一项考核内容。阅读理解能力的培养对提升语文成绩至关重要。语文阅读理解题型虽然芸杂，但并非无章可循。清华、北大的状元在这一章的分享中，将向我们揭示语文阅读理解的解题之道。对这一块内容心有疑惑的中小学生，可重点学习，以掌握核心解题思路，提升答题技巧能力。

第一部分　课前准备

自我检查 | 发现问题 | 自我反省

认知测评：你如何理解语文的阅读理解

根据你的理解，结合自身实际情况，在右侧"是"或"否"栏内打√。

序号	内容选项	是	否
1	我做阅读理解题时，喜欢凭借个人感觉去选答案，如果能找到最好，实在找不到，我就蒙一个答案。		
2	要提高阅读理解能力需要大量做题。考不好的根本原因在于题型不熟。		
3	语文阅读理解的题目其实非常格式化，有套路可循。只要肯静下心来总结，或参考部分语文复习资料，掌握答题的思路就能在考场上轻松应对这类题目。		
4	想要做好阅读理解，需要培养语文的语感。		
5	阅读理解考查的是综合能力，比较抽象，单靠刷题不行，需要长期积累，需要从基础抓起。		

(续)

序号	内容选项	是	否
6	阅读理解的前提,是培养良好的阅读习惯。在读书上,不必舍近求远,手边的语文课本就是最好的训练材料。良好的阅读习惯是阅读速度适中,一边读一边画出关键词和重点句子。		
7	找一些阅读理解的题目来进行专项的训练。做得多了,懂得自然也就多了,就能摸清楚答题的规律。		
8	一些好的文章在表达含义时,通常不会那么直白,会比较隐晦。要想把这些隐晦的信息读懂,需要我们平时多积累语文语感。		
9	阅读理解虽然很难,但可以通过考前突击,大量做题,迅速提升成绩。		
10	阻碍学生在语文阅读理解方面能力提升的关键问题是,阅读习惯不好,阅读内容的领域、题材太少,分析文章能力不足。		

学习检视：如何评价你的阅读理解能力

根据下表提示，选择与你当前情况较为符合的选项，在选项上打√。

序号	内　容	选　项
1	语文阅读理解对你来说	□较难　□一般　□较易
2	在你平时的语文考试中，阅读理解题所取得的分数	□经常满分　□偶尔满分 □常常扣分　□失分严重
3	你觉得自己在阅读理解方面失分的原因是	□审题不清　□抓不住重点 □漏掉得分点　□分析困难
4	你在语文阅读理解方面的做题量	□很大　□一般　□较少
5	你对语文阅读理解专题训练方面的重视程度	□非常重视　□一般　□不重视
6	你的语文成绩	□优秀　□良　□中　□较差
7	你有没有语文阅读理解方面的教辅资料	□有　□没有
8	你觉得阅读理解与作文水平之间是否存在关系	□有关系　□关系不大　□没关系

第二部分　正课

语文阅读理解

按照本教材指定地址
学习本章节视频课程

状元录

收看视频课"第10课:语文与阅读理解",完成下表。

状元分享要点	我的收获

状元锦囊

> 锦囊 1
> 阅读理解的解题关键

田佳轩　北京大学　历史学系　2016 级本科生

首先,我们要知道阅读理解考的是什么?阅读理解无外乎就是考大家语文知识点以及解题能力。知识点方面的问题一般有以下几种,如文章材料、结构、语言、主题和表达方式等;能力方面,主要考查的是概括能力、判定分析、理解表述和文学赏析能力等。这些能力主要是通过在平日课堂上听老师如何去概括、判定课本上的文章等方式来进行提高。知识点需要一定的记忆和训练,所以提高阅读理解的分数,也需要做一些题,但不必太多,保证做一道题就有一道题的效果即可。

薛陈　清华大学　经济管理学院　2016 级本科生

在语文的学习中,阅读理解相对来说是一个比较难的板块。因为这部分没有直接对应的知识,考查的是我们整体的文学理解水平和赏析能力,所以平时我们就要注意积累文章理解和赏析的方法。首先,对于课文的理解和把握,我们一定要做到位,最好是借助辅导书加上老师课上讲的内容,慢慢学会怎样去赏析一篇文章。当我们对课文的认识和分析做扎实、做到位了,应对考试中的阅读理解，也就不成问题了。

李雪丹　北京大学　外国语学院　2017 级本科生

　　阅读理解是语文当中的难点，是除作文以外最难拿到满分的题型，考查的是综合能力。首先，要理解文章，划分层次；其次，要会提炼出文章梗概和中心思想；最后，是分析具体的词语和句子。这一系列过程对词汇量、理解能力、表达能力都有比较高的要求。因为阅读理解考查的是综合能力，所以也比较抽象，单靠刷题是没有用的。我认为关键要从基础抓起。

锦囊 2
阅读理解的解题方法

田佳轩　北京大学　历史学系　2016 级本科生

　　语文阅读理解的题目其实非常格式化，有套路可循。比如，我们会经常遇到"文中画线部分运用了怎样的修辞手法，有什么作用"这样的题目。首先，你要事先背会有哪些修辞，有比喻、拟人、排比、设问、反复等等。然后，背会对应的作用，比如：比喻就是把什么比作什么，生动形象地写出了某个事物的某某特点等等。这样往往就能助你拿到更高的分数。

薛陈　清华大学　经济管理学院　2016 级本科生

　　我想和大家分享几个重要的阅读理解答题技巧。首先，很多题目是需要分点答的，我们要把最有把握的几个点写在前面。然后，分点要清晰明确，让老师一眼就可以看到我们答题的核心内容。还有，就是排版一定要清晰美观，做到内容充实的同时也要控制字数，不能写得太挤，最好也别超出答题纸的范围。这样，会给老师一个赏心悦目的整体印象。内容加形式都打磨得漂漂亮亮，阅读理解高分自然就不是什么难事。

李雪丹　北京大学　外国语学院　2017 级本科生

一个学期内，我们会学很多篇课文，会接触到很多使用各种修辞手法的句子，也会有很多次机会去概括课文的主旨，还可以积累很多词汇。另外，很多同学会买课外辅导书，辅导书上面关于句子的分析就更多了。不一定要背诵全文，只要把那些对你有用的词语记下来就可以。量变积累到一定程度会引起质变，阅读理解的提高，只能通过日常的积累去实现。

付瑞璐　北京大学　新闻与传播学院　2016 级本科生

阅读理解其实是有套路可循的，是有一些固定的技巧和方法的。如何学会这些方法呢？我觉得通过做题进行锻炼比较容易。我一开始做阅读理解的时候也会经常犯错，找不准出题规律，也找不准解题规律。后来，我就经常找一些阅读理解的题目进行专项训练。做得多了，懂得自然也就多了，逐渐摸清了其中的规律，根据这些规律进行解题，你会发现解阅读理解题会比之前容易得多。

锦囊 3
阅读理解与语文语感

田佳轩　北京大学　历史学系　2016 级本科生

对大多数同学而言,阅读不是问题,但在理解方面却经常犯错,如理解不清、理解不全、理解偏颇等。这就需要我们培养语感。语感是能比较直接、迅速地感悟语言文字的能力,是一种经验色彩比较浓厚的能力,是通过长期反复实践得来的能力。

薛陈　清华大学　经济管理学院　2016 级本科生

我很庆幸,一直以来自己对语文课本的学习都很深入。不管是预习、上课还是复习阶段,我都会很认真地去学习课文的分析方法。久而久之,就培养了我扎实的阅读理解基础,甚至培养出了较为可靠的答题直觉。

付瑞璐　北京大学　新闻与传播学院　2016 级本科生

当我们读了很多文章,做了很多题之后,就会形成阅读的语感。语感这个词,其实很少被用到语文上,用到英语上的情况比较多。但我认为,语文学习也是讲究语感的。当我们拥有了语感之后,做阅读理解时就能够更准确地把握作者的写作意图。很多时候,我们做题时会看不懂题目问的是什么,也不知道该怎么回答,其实就是缺少了一种阅读理解的语感。

神思妙招

Tip 01

阅读理解无外乎就是考查大家对知识点的把握情况及解题能力。知识点方面一般会根据以下方面出题，如文章材料、结构、语言、主题和表达方式等。解题能力则包含概括能力、判定分析、理解表述和文学赏析能力等。

Tip 02

只要你能静下心来总结，或参考一些语文复习资料，掌握答题的思路在考场上答卷时就能轻而易举。

Tip 03

提高阅读语感是有法可循的。第一，要经常读书，培养语感；第二，要经常品词析句；第三，要积累语言，深化感悟；第四，要付诸实践，常练习。

Tip 04

我会背一些答题模板。这些模板可以帮助我拿到一半的分数，也可以帮我理清答题的思路。

Tip 05

查看答案的时候,要分析自己的答案和正确答案有什么差异,然后牢牢记住这个差异,多多积累一些模板之外的东西。下次解阅读理解时,加以应用,就可以向满分靠近。

Tip 06

一边看一边拿笔画重点,能够帮你集中注意力,提高阅读的效率。

Tip 07

多记多背。以课本为基础,课后习题的答案以及自己做的笔记多去背一背,这些笔记会成为你在考场中制胜的法宝。

Tip 08

有些同学说,我只能写出"把……比作……",因为画线句子有现成的,可以直接抄,但"表现出了……特点"就答不出了。这是怎么回事?其实,这就是词汇量匮乏的表现。

Tip 09

除了大量的专项练习之外,我们还可以通过标准答案来寻找解题技巧。早读时,我们都会去背诵语文课文和英语单词,其实我们也可以把阅读理解的标准答案拿出来背一背,学习一下标准答案的答题方法和表述方式。

Tip 10

当遇到同一题型或读到同一类文章时,可以把它们归到一处,积累起来。再遇到读不懂或者做不来的题目时,可以翻查以前的案例,进行研读。这样,提升速度会快一点。

第三部分　提升
语文阅读理解

汲取清华北大状元经验
反思自我语文学习现状
优化语文学习方法习惯
提升语文学习效率成绩

第一步：反思·我的阅读理解

根据当前在语文阅读理解方面的实际状况，完成下表中的自我评分。

序号	内　容	自我评分（满分10）
1	我的语文知识点积累	
2	我的课外阅读量	
3	我的诗词品鉴能力	
4	我的口语表达能力	
5	我的写作能力水平	
6	我的文章理解水平	
7	我的文章分析方法	
8	我的卷面整洁度	
9	我的语文词汇量	
10	我的阅读效率	
11	我的修辞手法积累	
12	我的文章概括能力	
13	我的逻辑分析能力	
14	我的做题量（专项训练）	
15	我的语文阅读语感	

第二步:提升·我的阅读理解计划

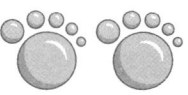

通过状元分享及本章学习,根据自身情况,制订阅读理解提升计划。

序号	表现好的方面	需要提升的方面	改进方案
1	如:课外阅读(阅读量和阅读题材)	如:重视语文课本的课后练习	○ 认真完成,填写在课本上 ○ 每天早读花 3~5 分钟复习
2			
3			
4			
5			

（续）

序号	表现好的方面	需要提升的方面	改进方案
6			
7			
8			
9			
10			

第二周　第四天
语 文 作 文

作文是语文学习中非常重要的一部分内容，分数在考试中占有很大的比重。近年来，伴随语文考试的不断变革，作文的重要性愈发凸显。有一种说法是，作文占据了语文学习的半壁江山。要学习好语文，首先要学会写作，更要学好写作，只有这样，才能在语文考试中赢得胜利。

第一部分　课前准备

自我检察 | 发现问题 | 自我反省

认知测评：你如何看待语文作文

根据你的理解，针对下表关于语文作文的说法，在同意或反对栏内打√。

序号	内　容	同意	反对
1	写好作文的前提，是要写一手漂亮的字。		
2	中小学生也要关心国家大事，这些素材可以用于作文。		
3	模仿是学习写作的基础，但模仿写作，绝不是抄袭别人的文章。		
4	文章写得越长越好，能展示出作者的文字功底。		
5	我们常写的一类题材，叫记叙文。这类文章的结尾要注意抒情和总结，不能全篇叙事，记流水账。		
6	作文质量由内容决定，起什么样的标题，对文章的影响不大。		

(续)

序号	内容	同意	反对
7	小学阶段，因为没有形成完整的语言体系，这个时候写作文最实用的方法就是多背一些优秀文章进行借鉴。		
8	初中写作讲究素材充实、语言优美。写作时，最好用上名人名言、历史典故、时政新闻等以增加文章感染力。		
9	我们的阅读习惯影响着我们的作文水平。一些垃圾网站、搞笑视频等看多了，不利于我们形成良好的语言习惯。		
10	现在有些同学作文水平不高，是因为他不关心生活，没有从生活中汲取到写作的素材。		

学习检视：我是这样写作文的

根据自身实际情况，在你认为最符合的选项上打√。

序号	内　容	选　项			
1	你觉得作文重要吗？ A. 非常重要。　　B. 重要。 C. 还行。　　　　D. 不重要。	A	B	C	D
2	你觉得作文难吗？ A. 很难。　　　　B. 较难。 C. 难度适中。　　D. 容易。	A	B	C	D
3	你的作文成绩： A. 时常满分。　　B. 总失分。 C. 失分较多。　　D. 经常不及格。	A	B	C	D
4	你觉得作文是你的强项吗？ A. 是。　　　　　B. 不是。	A		B	
5	影响你作文成绩提高的最大阻碍是： A. 经常跑题。　　B. 字数不够。 C. 质量不高。　　D. 涂改严重。	A	B	C	D
6	你平常写作文的频率是： A. 每天都写。 B. 每周都写。 C. 不定期写。 D. 只完成老师布置的作文题目。	A	B	C	D

（续）

序号	内 容	选 项			
7	你在作文方面最大的困惑是： A. 标题起不好。　　B. 开头写不好。 C. 名人警句不会用。　D. 结构不好。	A	B	C	D
8	你认为自己的字写得如何？ A. 能写出一手好字。　B. 整洁工整。 C. 字迹一般。　　　　D. 较为潦草。	A	B	C	D
9	你有语文好词好句积累本吗？ A. 有。 B. 没有。	A		B	
10	你的写作素材（灵感）通常来自哪里？ A. 书报中获取。　　B. 新闻事件。 C. 生活发现。　　　D. 平时积累。	A	B	C	D
11	看到好的文章，你会思考作者的写作架构与思路吗？ A. 会。 B. 不会。	A		B	
12	你是否报过课外辅导班来学习作文？ A. 是。 B. 否。	A		B	

第二部分　正课
语文作文

按照本教材指定地址
学习本章节视频课程

状元录

收看视频课"第11课:语文与作文",完成下表。

状元分享要点	我的收获

状元锦囊

锦囊 1
日常写作与考试作文

田佳轩　北京大学　历史学系　2016 级本科生

作文,虽说是语文学习中一项必备的技能,但当它出现在卷子上的时候,是一道标有明确的高分值的题目。所以我们需要按照一般解题的做法,对题目进行分析。既然是解题,就要明白出题人的意图在哪里,想要考查什么?并且要思考,阅卷人最期待看到的是什么样类型的文章。

薛陈　清华大学　经济管理学院　2016 级本科生

学生的文笔创作,一定是从阅读和借鉴开始的。在小学,我们基本没有完整的语言体系,这个时候,最实用的方法就是多背一些优秀的文章,多借鉴其中的开头、结尾以及行文结构。必要的时候,可以套用模板,尽量让自己的作文语言流畅、有美感。

李雪丹　北京大学　外国语学院　2017 级本科生

考场作文,与日常写作有很大的区别。考场作文要求我们在有限时间里写出一篇符合要求、语句通顺、逻辑正常的文章。如果行文巧妙,词汇丰富,修辞手法多样,那就更能锦上添花了。日常写作则因不限时间，因此可以发挥的空间更大，我们可以从容不迫地去寻找更有文采的辞藻、华丽的语句、名人名言等来装点文章；相对来说，考场作文因时间限制等原因，其发挥空间要比日常写作的上限低很多。

付瑞璐　北京大学　新闻与传播学院　2016 级本科生

　　语文是一种文字游戏，我们可以用它来表达自己的想法和传递信息。时事热点往往聚焦于整个社会的动向和最新消息。关注时事热点，可以培养人的思考能力；对不同事情发表自己的看法，或者同时接纳别人的看法，能够锻炼自己的表达能力和增加自己的修养内涵。这两点恰恰也与语文息息相关。每年中高考，语文作文和阅读材料很多时候都会涉及时事，了解"窗外事"，能够帮助我们在作文中积累素材和经验。

> **锦囊 2**
> **日常写作的训练技巧**

田佳轩　北京大学　历史学系　2016 级本科生

　　第一，要练一手好字。俗话常说："字如其人。"阅卷的时候，许多老师第一眼先看到的就是你的字迹。字迹的好坏会在一定程度上影响老师对文章第一印象的判断。考卷扫描有个特点，会让好看的字迹显得更加好看，不好看的字迹则更加难看。所以，书写规范化是十分重要的。平时，我们不具备扫描条件，可以在写完一篇作文后，用手机拍照，以此来评估自己作文字迹的工整程度。

第二，要多阅读。作文学习中，阅读十分重要。语文是一场综合考验，最核心的是对语文素养的考查。语文素养的提高不是一蹴而就的，而是需要长期积累。为了提高作文水平，我们的阅读应该具有一定方向性，不能什么都读。需要读些什么东西呢？首先，是名人名著。名人名著的重要性不必多说，很多省市教育部门都有相应的书目推荐，这些书目一般都是百年不衰的经典之作。除了官方推荐，我们还可以读一些思辨性较强的著作，以帮助我们提高作文的思辨性、逻辑性。像《如何进行逻辑思考》《当代时文的文化思辨》等书，都值得我们利用课外时间阅读。除此之外，我们还可以读一些短小精悍的文章，例如《人民日报》《南方周末》《作文素材》等报刊或杂志中的材料。通过阅读这类文章，既可以了解一些时事，在作文中当作素材使用，也可以学习写作者语言的精确性。

第三，模仿练习。模仿，在作文前期学习中十分有必要。模仿是学习的基础，具有一定的适应作用。但要注意模仿不是抄写，而是一种改写。结合身边的人、事、物，把学过的课本文章改写为一篇新的文章。不仅有助于加深我们对课本文章的理解，而且更为重要的是可以提高我们的写作水平。学习课本上的大师之作，必定有益于你成为下一个优秀的写作者。

薛陈　清华大学　经济管理学院　2016 级本科生

文笔训练绝不能仅仅在考试前才重视起来，平时写作文的时候，也要养成认真细致、精益求精的习惯。我们最好养成写日记的习惯，记录下平时经历的有趣故事，一点一滴地提升自己的写作水平。初中写作更讲究素材充实、语言优美。看课外书的时候，可以有意积累一些写作时用得上的名人名言、历史典故、时政新闻等。看作文书的时候，要学习优秀文章的精髓，包括立意、结构、素材、语言等方面，深入剖析，并在平时自己写作文的时候多加运用。

李雪丹　北京大学　外国语学院　2017 级本科生

一个人作文水平的高低依赖于他语言基础能力的强弱。语言基础指的是词汇量和文学知识是否丰富、语句是否通顺、是否有语病、是否能准确表达出自己想说的东西。那么，怎样锻炼自己的语言基础能力呢？我认为要多读书，多做题。阅读，一定要找大型正规出版社出版的图书。通常这些书的语句都经过了比较严谨的语法检查，而一些劣质网文或者营销号推送的文章应尽量少看，中小学阶段正是建立语言基础的阶段，如果看多了上述内容，不利于我们形成良好的语言习惯。多做题，可以锻炼我们的语言基础。语文考试中除了阅读理解和作文，还有看拼音写汉字、看大意写成语、修改病句、写出正反义词、组词等这类基础题。多做这类基础题，总结一些常见语病现象，不断积累新的词汇。

付瑞璐　北京大学　新闻与传播学院　2016 级本科生

（1）加强写作与课文学习的联系。上语文课，本身就是一个很好的提高作文水平的途径。不能让语文课和作文脱节，要从课本上学习作者的思想，学习文章的谋篇布局，学习作者的遣词造句，学习精彩的段落描写，这些内容均可成为自己文章的一部分。

（2）加强写作与生活的联系。丰富多彩的生活可以为写作提供无穷的素材，平时生活中一定要注意观察和积累，这样才能使作文充满源头活水，比如发现了社会的现象，感受到了家庭的温暖、同学的友情，均能成为写作的材料。

（3）加强作文训练与其他学科内容的联系。从其他学科中寻求写作的材料，这样会使写作的天地开阔起来。比如，政治课便是很好的议论、抒情材料的来源；数学课则是很好的说明性材料的来源。这些都是作文素材的优质来源。

锦囊 3
考试作文写作技巧

田佳轩　北京大学　历史学系　2016 级本科生

在我看来，要想写好作文有两大重要步骤一定要注意并严格遵循。

第一步是解题。应试作文是一种有自由限度的题目，要在大的框架下进行写作。解题正确与否，将直接关系着作文分数。①解题的第一步，要求我们提取核心事件。一般考试作文中材料较为复杂，我们首先要阅读材料，进行概括，抓住关键。②把握正确观点。对一个事件做出自己的判读，要保证这种判读符合正确的价值取向，符合社会主义核心价值观。③确定立意的角度。可选择一个或多个角度，由此及彼、由个别到现象、由现象到本质地进行分析。④就事论事。列举社会上存在的类似事情，但要避免"爱迪生经历多次失败才发明灯泡"这类被人用烂的事例。

第二步是结构上要理清思路，逻辑要清晰。考场作文中，体裁一般以记叙文或议论文为主，散文一般较为少见，毕竟散文写作存在很大的风险性。①记叙文多数是采用"总—分—总"结构。记叙文的结尾要注意抒情和总结哲理，不能全篇叙事，让人感觉只是在读一个故事或一篇微型小说。文章的最终目的是要升华，要上升到一定的高度。②议论文则最好是采用"1—3—1"或者"1—4—1"结构，中间的 3 或 4，是分层解题。当然，也可以灵活采用夹叙夹议的手法。但是一定要注意，不管哪一类型的文章，都要有清晰的思路，并且有逻辑性在里面。下笔之前，预先设想好结构，或列出大纲，把自己的思路大致写出来，然后再动笔，进行填充。这样，一篇佳作便可在毫无障碍的情况下，顺利完成。

李雪丹　北京大学　外国语学院　2017 级本科生

考场作文怎么写才能拿高分？我认为考场作文从低到高有以下五个层次。第一个层次，符合题目要求，不跑题。第二个层次，文章的主旨明确。第三个层次，文章的结构清晰，哪里是总写、哪里是分写、哪里是总结，都一目了然。第四个层次，行文紧凑，紧扣主题，不东拉西扯。第五个层次，词汇丰富精准，善用修辞，或庄重，或活泼，或诙谐，很有自己的语言风格。五个层次都能做到的同学，一般都能拿很高的分数。

付瑞璐　北京大学　新闻与传播学院　2016 级本科生

考场作文如何拟题？

（1）题目不能太大。太大的题目，容易使考生写作时无从下手，或写得不深不透，达不到写作目的。如果话题太大，就应化大为小，从小处着笔。例如：以"爱"为话题，有人拟为"爱是什么"；有人拟为"爱"，都太大，不易写好。

（2）标题要有文采。一般来说，应做到短、精、新、巧，标题最好与众不同。例如：同样以"爱"为话题，有人拟为"无言的爱""我爱她"等题目就更引人入胜。拟题的方法与角度有很多，但无论怎样，题目都要注意锤炼词句，努力做到生动、形象、新巧。拟题时，要避免误解话题、转移话题、架空话题等现象的生。

神思妙招

Tip 01

考卷扫描有个特点，能让好看的字迹显得更好看，不好看的字迹更加难看。我们可以在写完一篇作文后，用手机拍照，以此来评估一下自己作文字迹的工整程度。

Tip 02

一篇好的文章在内容上要做到：靓题、龙头、猪肚、凤尾。

Tip 03

作文开头的好坏，是阅卷人评价这篇文章的第一参考要素。阅卷时间非常紧张，阅卷老师逐字逐句看完一篇文章的概率极低。

Tip 04

一篇议论文中的论述部分，必须要具备一定的说服力。议论文如果连自己都说服不了，就更别妄想能说服别人了。

Tip 05

在每次考试之后，要主动总结这次考试的作文中存在哪些问题，然后将这些问题逐个击破，避免下次写作中再次出现同类问题。

Tip 06

考卷发下来后,要主动把自己的作文拿去给老师进行分析诊断,找到病根,对症下药。

Tip 07

写作水平的提高绝不能仅靠考试,平时写作文时,也要养成认真细致、精益求精的习惯。

Tip 08

大声开口读,是所有语言学习的关键。很多人无论学语文还是英语,都不愿意开口。但其实开口是非常锻炼语感的。不仅学英语需要语感,学语文同样也需要。读多了,自然就可以感知句子是否有语病,表达是否得体、通顺。

Tip 09

作文写作依赖于我们的生活经验。很难要求一个整天只打游戏的人,写出一个音乐家的传记。

Tip 10

父母要多陪伴孩子。如果跟孩子之间相处太少,孩子在写《我的父亲》或者《我的母亲》这类作文时,恐怕就只能靠想象了。

Tip 11

以小见大。同学们在选择写作素材时,不可贪大求全,应选择有意义的小事,尽量地"小题大做"。

Tip 12

"两耳不闻窗外事,一心只读圣贤书"是不行的,既要读圣贤书,也要闻窗外事。

第三部分　提升

语文作文

汲取清华北大状元经验
反思自我语文学习现状
优化语文学习方法习惯
提升语文学习效率成绩

第一步：反思·我的语文作文

下表各种说法中，若认同，请在"是"栏内打√；若不认同，请在"否"栏内打√。

序号	内　容	是	否
1	作文的提升，不是来自一朝一夕，更需要平时的积累。		
2	在阅读课外经典时，应不局限于泛读，更要精读，把好的词句背下来能帮助我们积累作文素材，提高作文水平。		
3	考试作文比日常写作的要求更高。因此，在平时的作文训练中，需要重视对时间的把控，为考试作文做好准备。		
4	作文的素材很多都源于生活，因此要做一个有心人，多观察世界，多亲近自然，多留意身边事，这些都是在积累作文素材。		
5	要学习各类体裁作文的写作方法，如记叙、议论、说明等，了解不同体裁作文的写作要求，争取写出各种体裁的高质量作文。		

(续)

序号	内　容	是	否
6	语文作文也是对语感有要求的。因此，需要养成大声朗读语文优秀文章的习惯，每天安排一定时间来诵读，以培养自己的语文语感。		
7	从现在起，要开始记日记或勤练笔，平时多写写，考试才能写出好文章。		
8	字，是人的脸面。一定要注意书写整洁，争取更好的卷面分、印象分。		
9	我在作文架构、文章段落等方面存在短板。我希望通过状元们的分享，积极调整，接下来，会专门找相关资料来学习训练，争取补齐。		
10	作文的标题、开头很重要。这一部分，我要好好把握。		

第二步：提升·我的作文提升计划

按照下表提示，结合每项内容，制订符合自己实际情况的作文提升计划。

序号	项目分类	具体项目	提升计划
1	基础培养	经典名篇阅读	
2		美言美文积累	
3		语文语感培养	
4		美文精读研读	
5		关心新闻大事	
6	日常练习	日记/周记	
7		美文仿写	
8		日常随笔	
9		日常布置的作文	

（续）

序号	项目分类	具体项目	提升计划
10	分级训练	字迹整洁训练	
11		标题拟定训练	
12		作文开头训练	
13		作文架构训练	
14		作文结尾训练	
15	专项训练	记叙文专项训练	
16		议论文专项训练	
17		说明文专项训练	
18		材料作文专项训练	

第二周　第五天
语文做题方法

对于语文这一科目而言，记忆力非常重要，更需要多做题来加深对于各个知识点的记忆。与其他科目相比，语文的题量并不算多，但语文学科对学生的做题质量要求更高。语文学习中常见的题型有哪些？不同题型该如何处理？语文考试常考哪些题型？有什么好的应对策略？怎样做题才高效？在本章中，我们将聆听清华、北大状元们的经验分享，了解他们是如何看待语文与做题的，希望你能够学习到他们做题的方法与经验。

第一部分　课前准备

自我检查 | 发现问题 | 自我反省

认知测评：我看语文与做题

下列各种说法中，认同的在"同意"栏内打√，不认同的在"反对"栏内打√。

序号	说法	同意	反对
1	做题是多余的，应该把时间放在阅读课外书和多写日记或文章上。		
2	平时做题要适度，所做题目能起到复习所学知识的作用即可。		
3	语文做题要"做""背"结合。难题、错题，要经常拿出来背到滚瓜烂熟。		
4	像文言文、阅读理解等较难的题型，需要多做题，甚至需要进行专项训练，才能掌握规律，提高考试成绩。		
5	不要糊弄作业，每次做作业时，都要抱着追求满分的态度去做。		

(续)

序号	说法	同意	反对
6	只要认真完成了课本的课后练习、练习册和老师发的试卷，就能考出不错的成绩。		
7	对于语文成绩不好的学生，有时需要从模拟题考卷入手去大量地刷题，一边刷题，一边总结，这样才能渐渐提高成绩。		
8	当自己在语文某方面较为薄弱时，应当专门进行加强性训练。		
9	做题还需选题。如果题目不够优质，做起来用处不大，还会误导我们的思维。		
10	做语文题时，应做完一道，马上对答案，再做下一道。防止忘记刚才自己的做题想法。		

学习检视：我与语文做题

选择下表各种说法中与你实际情况较贴合的一项，在选项上打√。

序号	内 容	选 项			
1	关于做语文题，你认同哪种说法？ A. 语文重积累，做题浪费时间。 B. 做题可以熟练题型，有助于考出好成绩。 C. 平时重积累，考前多做题。 D. 以上说法都不认可。	A	B	C	D
2	你通常将语文做题（作业）时间安排在： A. 每堂课的课间。　　B. 午休时间。 C. 放学后回到家中。　D. 第二天上课前。	A	B	C	D
3	你在语文学科方面的做题量，属于： A. 很多。　　　　　　B. 较多。 C. 一般。　　　　　　D. 较少。	A	B	C	D
4	你平时接触哪类题型比较多？ A. 填空。　　　　　　B. 默写。 C. 选择。　　　　　　D. 阅读理解。	A	B	C	D
5	你认为语文老师布置的作业量： A. 过多。　　　　　　B. 较多。 C. 合适。　　　　　　D. 较少。	A	B	C	D

（续）

序号	内　容	选　项			
6	你在哪种题型方面失分较多？ A. 填空。　　　　　　B. 选择。 C. 阅读理解。　　　　D. 古诗文。	A	B	C	D
7	你会在完成当天老师布置的语文作业后，额外做题吗？ A. 会。 B. 不会。	A		B	
8	语文题目完成之后，你会对照答案，进行订正吗？ A. 不会。 B. 会。	A		B	
9	每次语文考试时，你的心情是： A. 喜悦。　　　　　　B. 正常。 C. 恐惧。　　　　　　D. 忐忑。	A	B	C	D
10	相比其他科目，你做语文题的速度属于： A. 最快。　　　　　　B. 较快。 C. 一般。　　　　　　D. 较慢。	A	B	C	D

第二部分　正课

语文做题方法

按照本教材指定地址
学习本章节视频课程

状元录

收看视频课"第 12 课:语文与做题",完成下表。

状元分享要点	我的收获

状元锦囊

锦囊1
语文,平时该如何做题?

田佳轩　北京大学　历史学系　2016级本科生

我会认真对待学校下发的语文练习册中的习题。练习册是与课程内容同步的,每学完一课,就做该节课程对应的题目,这样可以加深对字词、文章的理解。一般情况下,每节课的练习册上面,都会有与课本文章类型较为接近的一篇阅读题,做完阅读题后,可以比较一下,从而提高做题能力。

薛陈　清华大学　经济管理学院　2016级本科生

平时,我在语文学习方面做题量不大,基本上除去完成老师布置的作业外,没有做什么课外的题目。但是,我在做题上花的时间,一点也不少。做语文作业的时候,我是十分认真的:遇到概念模糊的地方,我会认真查找资料;回答主观题的时候,我会尽可能把我想到的内容都写上去,而且我会注意斟酌自己的语言,谨慎落笔。

李雪丹　北京大学　外国语学院　2017级本科生

在我的中小学阶段,似乎真的很少刷语文题。平时做的题目,基本就是课本的课后练习、练习册和老师发的试卷,很少去额外地买一些练习题来刷。一直以来,我不倡导盲目地刷题,因为题目不在于多,而在于精。只要按照老师的安排,用好少数的几本练习册就可以了。但我偶尔也会刷题,一般是为了应付竞赛需要。比如,如果是要参加市级的古诗词知识竞赛,我就会在短时间内背大量古诗,刷很多古诗词题目。

付瑞璐　北京大学　新闻与传播学院　2016 级本科生

相对其他科目来讲,我在语文做题方面的训练量并不是很多。在完成老师布置的课后作业之后,我会选择一些我的弱项题型(单选题和阅读题)来进行专项训练。当意识到自己有这些薄弱项的时候,我会专门进行加强训练。记得我上高中的时候,有一阵子单选题很差。于是,我就连续做了两个星期这种类型的单选题,到最后,几乎能够做到 100% 的单选题正确率。

> **锦囊 2**
> **语文考试前,该如何做题?**

田佳轩　北京大学　历史学系　2016 级本科生

每次语文考试前要复习的内容有很多。例如,把平时积累的好词好句,再背诵一遍;看一些作文素材,用以应对考场作文;复习一下课本中学过的文言文;背诵一些语文阅读题中的答题模板等。同时,也要有针对性地做一些题。因为,我们平时除了考试外做语文题的机会较少，长时间不做题，突然上考场，难免会有不适应。考前几天，可以做一点阅读理解、课外文言文之类的题目，甚至可以找个模拟试卷，按照题目要求写一篇作文。这样，可以找到考试做题的手感，不至于到了考场上感到生疏。

薛陈　清华大学　经济管理学院　2016 级本科生

考试之前，我会再读一读、背一背课文中的重点章节或者是自己整理的知识点，抽时间翻一翻自己做过的作业，重点看用红笔订正的部分，然后背几篇优秀作文，基本上就可以从容地应对考试了。

李雪丹　北京大学　外国语学院　2017 级本科生

在语文考试当中，有那么多的题型，每种不同题型都对应不同的解题思维方式。以中考语文的题型为例，一张试卷中有古诗词默写、看拼音写汉字、修改病句、选词写出符合语境的一段话、文言文阅读、现代文阅读、作文。前面那些不太需要耗费脑细胞的默写、看拼音写汉字等题型，就一定要在考试当天多复习几遍，考试的时候需要依靠短时记忆快速解决。

付瑞璐　北京大学　新闻与传播学院　2016 级本科生

推荐大家提前了解自己所在区域的小升初考试试题或中考试题，进行相对应的训练。这样能够对症下药，而且比较契合当地的考试规律。

> 锦囊 3
> 语文中的难题

田佳轩　北京大学　历史学系　2016 级本科生

我曾经在文言文阅读方面有些欠缺，总是丢分，于是就进行了专门的训练和加强。一方面，我重新温习课内的文言文，将其中的重点词语背诵得滚瓜烂熟。另一方面，我坚持学习课外的文言文，尝试自己去翻译。最终，在文言文阅读的成绩上有了很大的提高。

薛陈　清华大学　经济管理学院　2016 级本科生

在老师上课讲解的时候，我会认真地用红笔订正，课后我还会再看几遍这些写错的部分，并且努力记住这些错误，掌握其中的拿分要点和答题精髓，保证下次遇到同样的题目时，不会再失分。我觉得这样坚持下去，能有很大的收获，同时自己的学业压力也不会很大。

李雪丹　北京大学　外国语学院　2017 级本科生

于我而言，我觉得最难的题目类型是概括中心和叙述文章大意。有时候概括得太过简单，会漏掉一些得分点，有时候概括得太过全面，会导致答案很长，过于烦冗。我是怎么解决的呢？先从真题考卷入手，刷大量真题，只做概括中心和叙述文章大意这一个题型，然后把自己的答案与参考答案比对，看自己漏掉了哪些信息点，又写了哪些太过细碎的点。大量地重复这一步骤之后，自然而然会形成了一种感觉：你能感觉到在文章中所提供的那么多关于人物、地点、情节的信息当中，哪些可能是主要的、哪些是比较次要的（不需要写在试卷上的）。这就是通过大量刷题形成的一个题感。

付瑞璐　北京大学　新闻与传播学院　2016级本科生

相对来讲，我觉得比较难的是古诗文阅读和现代文阅读。我是通过做大量文言文题目来进行古诗文阅读提高训练的。这些是建立在我对课本上已有的古诗文知识已经了解、掌握的基础之上。如果大家对课本上的古诗和古文还没有完全逐字逐句地吃透的话，我觉得没有太大必要去做专项训练。这样会有一种舍本逐末的感觉。

神思妙招

Tip 01

正确的做题顺序应当是：先阅读材料，了解大意，然后看题目，知晓命题人要考的知识点是什么，然后结合材料进行解答。

Tip 02

养成良好的做题习惯，平时注重实践运用，考前做几道题找找感觉，这样复习就可以取得不错的成绩。

Tip 03

我会非常认真地用红笔订正错题，之后我还会再看几遍这些写错的部分，并且努力记住这些错误，掌握其中的拿分要点和答题精髓，保证下次遇到同样的题目时，不会再失分。

Tip 04

语文考试当中，有那么多的题型，每种不同题型都有不同的解题思维方式。

Tip 05

一定要审清题目。有些题目问你文章写了"多少件事",这个时候需要答一个数字。有时候问你写了"哪几件事",这时就需要一件一件地去概括了。

Tip 06

语文考试中,作文所占的分值比重最大,如果跑题的话,基本上这次语文考试成绩就不会很好看。所以,审题非常重要。

Tip 07

考场作文,通常要求你不能在作文中出现真实的姓名和校名。中考、小升初考试都是盲改,要遮住考生所有相关信息,以防阅卷老师给自己的学生判高分,给别的学生判低分,是为了保证公平而做出的要求。考试中,我们应使用"小明、小红"或"A 同学、B 学校"等这样的代称。

Tip 08

对自己的弱项进行专项训练是有效的,而且是非常有必要的。

Tip 09

关键在于:如何选到一些优质的题目来进行训练,而不是一些非常劣质的题目。如果题目不够优质的话,做起来用处就不大,反而会误导我们的思维。

Tip 10

我的做题习惯一般是先审题,然后再去做题,特别是做阅读题的时候。一般是,先看题目问什么,再去读文章,然后再去思考怎样组织自己的语言,最后再把答案写上去。

第三部分　提升

语文做题方法

汲取清华北大状元经验
反思自我语文学习现状
优化语文学习方法习惯
提升语文学习效率成绩

 **第一步：反思·我的语文做题习惯**

根据清华、北大状元们的分享，结合实际情况，完成如下反思。

序号	反思内容
1	你觉得自己在语文做题方面，做得好的方面有哪些？
	① ② ③
2	和北大、清华状元们的做题习惯相比，你觉得自己还需要在哪些方面提升？
	① ② ③
3	在语文考试的各类题型中，你觉得自己薄弱的环节有哪些？ 接下来，你打算如何改善这些薄弱环节？
	□ 薄弱环节： □ 改善的方式、方法：

第二步：提升·语文做题改进方案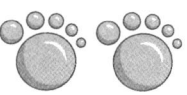

根据下表提示，制订属于你自己的语文做题改进计划。

序号	语文项目	目前现状	改进计划与实施方案
1	课本习题		
2	语文练习册		
3	做题习惯		
4	订正与错题标记		
5	单项专练 - 填空		
6	单项专练 - 选择		
7	单项专练 - 现代文阅读		

（续）

序号	语文项目	目前现状	改进计划与实施方案
8	单项专练 - 文言文阅读		
9	单项专练 - 多音字词		
10	单项专练 - 病句修改		
11	单项专练 - 课文背诵		
12	单项专练 - 文章分析		
13	单项专练 - 作文		
14	……		

第二周　第六天
语文课外阅读与积累

　　大量的课外阅读，是中小学阶段构建语文基础、提高语文成绩不可替代的途径和手段。研究发现：清华、北大等一流高校的学生，从小就非常重视阅读，尤其是课外阅读。阅读，让他们积累了丰富的词汇，汇集了大量写作素材，并帮助他们提升语文语感，进而拉开与同龄人之间的语文素养差距。阅读上的积累，则是他们获取语文优异成绩的基础源泉。

第一部分　课前准备

自我检查 | 发现问题 | 自我反省

认知测评：我这样看阅读

阅读下表中陈述的说法，表达你的观点，认同就在"同意"栏打√，不认同就在"反对"栏打√。

序号	说法	同意	反对
1	阅读量是语文学习的基本。读得少，考试很难考好。		
2	小学生学业压力小，从时间角度讲小学阶段是读书的黄金期。		
3	漫画、网络小说也属于阅读内容的范畴，这类内容也要阅读。		
4	不仅要读名著，还要写读后感，找出书中精彩的句子进行摘抄，积累使其成为日后的写作素材。		
5	课本，应该成为我们每个学生的首要阅读材料。		
6	阅读对于写作文有很大帮助，尤其是作为学生的我们缺乏生活经验，可以借鉴书中的情节，使文章更饱满。		
7	看书的时候，最好同步做读书笔记。		
8	阅读是语文的基础，也是语文成绩提高的关键。		
9	高年级的小学生或初中生，最好有个语文积累本。		
10	熟读唐诗三百首，不会作诗也会吟。		

学习检视：我的阅读与积累

根据自己的实际情况，回答下表问题。

序号	问 题	问 答
1	你现在就读的年级是？	
2	你有阅读课外书的习惯吗？	
3	你每周大约读多少本书？每年大约读多少本？	
4	你喜欢阅读哪些题材的书籍？	
5	在你平时的阅读中，纸质书籍、电子书籍哪种占比较多？	
6	你有图书馆的借书证吗？	
7	你经常购买或委托父母购买书籍吗？	
8	你订阅杂志吗？会长期阅读某本杂志吗？	
9	你周围的朋友喜欢阅读吗？他们是谁？	

（续）

序号	问 题	问 答
10	你是通过什么渠道获取到自己想要阅读的书或刊物的?	
11	你平时会阅读外文书籍（杂志）吗?	
12	你每年（每学期）会制定《计划阅读书目清单》吗?	
13	你最喜欢的作家有哪些?喜欢他们的哪些作品?	
14	你觉得阅读带给你最大的好处是什么?	
15	你家里有多少本藏书?	
16	你的家人喜欢阅读吗?	
17	你印象最深刻的是哪一本书?	
18	如果让你推荐,你会向大家推荐哪三本书?	

第二部分　正课

课外阅读与积累

按照本教材指定地址
学习本章节视频课程

状元录

收看视频课"第13课:语文课外阅读与积累",完成下表。

状元分享要点	我的收获

状元锦囊

锦囊 1
阅读对于语文的重要性

田佳轩　北京大学　历史学系　2016 级本科生

　　如果要问语文学习是否需要课外阅读，我想 100 个人中会有 99 个人告诉你——需要！博览群书是培养语文素养的基本功之一，甚至可以说阅读是语文学习的根本。大量的课外阅读，是提高我们语文水平不可替代的手段。我们会发现，身边语文成绩好的同学，基本都很注重课外阅读。阅读让我们得到了词语的积累、素材的积累和情感的积累，提升了我们的语文素养，帮助我们在写作上实现了突出的构思、巧妙的用词，在阅读理解上拥有了准确而杰出的见地。这些都离不开课外阅读打下的底子。

薛陈　清华大学　经济管理学院　2016 级本科生

　　语文学习和课外阅读的关联度很高。阅读能扩展我们的视野，培养我们的语感，还能够帮助我们积累写作素材。我从小学开始就比较喜欢阅读，课本是我首要的阅读材料。很多课文写得真的是既生动又有趣，就算我们在课外阅读，也一样很有意思。

李雪丹　北京大学　外国语学院　2017 级本科生

　　语文学习与课外阅读是密切相关的。中小学阶段的我，阅读量相较于同龄人来说比较高。我大约是从小学一二年级开始进行大量的课外阅读的，没有任何目的，就是喜欢看、自发地去看。我当时看的书很杂，童话、作文集、小说都是我经常阅读的课外书类型，《故事会》《三联生活周刊》等杂志我也会时常阅读。我觉得这些书中的故事很有趣、很吸引人，是我日常生活中接触不到的事情，所以，就跟看电视剧一样，喜欢看一些情节很饱满的故事书。后来才发现，这些书对我今后的作文写作有很大帮助。

付瑞璐　北京大学　新闻与传播学院　2016 级本科生

我认为语文学习和阅读之间有很高的关联度。可以说，阅读是语文的基础，也是语文成绩能够提高的关键。我喜欢读书的习惯，是小时候爸爸妈妈培养出来的。每次的新年礼物都是爸爸妈妈送我的书，一开始可能是词典、字典这类的工具书，到后来，就开始送四大名著、国外经典小说等这些在我当时的年龄比较难读懂的书。从识字到读词、从断句到分段，再到通读完整篇文章，这一个漫长且循序渐进的过程，让我体会到了语文的魅力。

锦囊 2
课外阅读，读什么

田佳轩　北京大学　历史学系　2016 级本科生

小学的时候，我会读一些儿童文学类的书。随着年龄的增长，我了解了自己喜欢读什么不喜欢读什么，所以更倾向于读自己喜欢的类型。一般来说，小学生的兴趣爱好还不是非常稳定，需要老师、家长对其进行引导和培养。比如，推荐一些自然科学类的书籍，可以提高孩子们对科学知识的兴趣。同时，建议多读些描写动物、植物的文章和图书。

薛陈　清华大学　经济管理学院　2016 级本科生

课外书，我读的比较多的是《意林》和《儿童文学》这两本杂志，晚上阅读，经常读到舍不得睡觉，里面的故事实在是新鲜又有趣。每晚读课外书的习惯，慢慢培养了我较为深厚的文学写作功底。名著方面，我认为里面的文字比较枯燥乏味，所以看得比较少，但即便如此，我也会看一些最经典的书籍或片段，基本的文学常识，还是要掌握的。

李雪丹　北京大学　外国语学院　2017 级本科生

小学阶段以故事书为主，包括各种童话、作文集、儿童小说等。文学功底比较深厚的同学可以选择朱自清、钱钟书、杨绛等一些名家的散文、小说来阅读。初中阶段的阅读可以以小说为主，尤其是读大量的名著，如我国的四大名著，以及《战争与和平》《童年》《悲惨世界》《飘》《安娜·卡列尼娜》等国外经典著作。这不仅是为了应对考试的需要，也是为自己打下扎实文学基础的必需条件。

付瑞璐　北京大学　新闻与传播学院　2016 级本科生

从小学到初中，我的阅读量始终比同龄人大一点。在年龄比较小时，能够吸引我兴趣的书，一般都是一些小说类型。小说具有故事情节，读起来更加轻松有趣。散文，对于当时的我来讲，比较难懂。一开始，读书的目的只是出于单纯的兴趣。到了高中，我会读一些散文，这就不再是出于兴趣，而是提高语文成绩的必需。虽然小学、初中的阅读量较大，但上大学后，我才意识到自己的阅读量并不比身边的人大。在北大，大家的阅读量都非常大，每次节假日，在北大图书馆都能看到很多人，图书馆的座位满满当当，如果不早到根本占不到什么好座位。

锦囊 3
课外阅读，怎么读

田佳轩　北京大学　历史学系　2016 级本科生

对小学生来讲，在阅读上有三点是需要重点关注的。

第一，一定要多读多探究。相对来说，小学阶段的学业压力没有中学阶段大，从时间的宽裕度来讲正是读书的黄金期。读书过程中要多思考，遇到新鲜、棘手的问题，可以去和家长、同学、老师交流，只有通过自己的探究才会印象深刻。

第二，兴趣是最好的老师。小学阶段的兴趣爱好还不稳定，需要老师和家长对孩子进行引导和培养，正是培养孩子爱上阅读的最佳时期。

第三，做一个读书规划，比如每周阅读 5000 字左右的文章。如果觉得太多，可以减少一些，毕竟现在有很多短小精悍的好文章，适合小学生来阅读。如果不做规划，时间会很容易被别的娱乐项目（如电视、打游戏）占据。首先要明白，读书是排第一位的，做好每周任务安排，按时完成阅读任务，然后再去做其他事情。

对于初中生阅读来讲，也有三点需要格外注意。

第一，找到自己的兴趣点。初中生相对小学生而言又成熟了一些，可以找到自己的兴趣点所在。当你找到自己的兴趣，体验到读书的乐趣和获取知识的成就感后，就会把课外阅读当成一种自发的、渴望性的行为。

第二，有选择性地去阅读。兴趣第一，但也不能纯粹跟着兴趣走，不同的书籍有不同的作用。有些中学生对漫画和网络小说感兴趣，但这跟我们所说的读书不同。读书要有选择性，要读好书，好书的思想应当是健康的、积极向上的，有利于帮我们培养三观的。

第三，读书时要讲究方法。要学会浏览、精读、选读和做读书笔记这些方法。针对不同的文章、不同的书籍，运用不同的方法来阅读。

李雪丹　北京大学　外国语学院　2017 级本科生

看书的时候，最好做读书笔记。读书笔记是一个特别好的习惯，我从小学到高中的读书笔记摞起来可能有一丈高。我做读书笔记，一般是为了概括文章的内容，另外记录今天看了什么书、看了多少页、上面讲了哪些内容、哪部分印象比较深刻、印象深刻的原因等。有时看到特别好的句子，还会摘抄在上面，并尽量背下来。大家可能会觉得这样做笔记很麻烦，很耗时。但我很庆幸能在自己的中小学阶段坚持做了这项工作。

有些人可能只是把读书当作是一项任务，一项不得已而为之的作业，往往是勉强翻完一遍就好，结果当别人问这本书讲了什么或者你读后有什么感想的时候，你却久久说不出来。通过做读书笔记，可以让自己读的书有价值。你的读书笔记会成为丰富的资料库，上面写满了自己的思考，这些都是将来你在考场作文中最好的素材。所以，我非常倡导大家养成做读书笔记的习惯。

锦囊 4
如何做好语文的积累

田佳轩　北京大学　历史学系　2016 级本科生

第一，要在读书中积累。读书积累是语文学习中最基础的功课，日常学习再累再苦，也要保证每周的阅读量。在阅读一本名著时，首先要了解作者情况，其次是写作背景，然后是内容。我们要做到可以对这本书进行几句话总结，同时要找出书中关键或精彩的语句进行摘抄等。阅读时遇到有感触的桥段可以写一些自己的感悟，就当一次小练笔，积累成为自己写作的素材。

第二，在作文写作中积累。作文积累要在平时进行，比如将自己的日记、作业、考试作文等编辑成册，同时，再去找一些好的作文的开头和结尾来学习积累。

第三，文言文和诗词积累。空余时，将课本中的文言文、诗词汇集成册，常读常看，对解决考试中的该类题型很有帮助，并且偶尔也可以运用到你的作文之中。

薛陈　清华大学　经济管理学院　2016 级本科生

小学时，我没有准备过好词好句积累本，那个时候看的书不是很多，我就直接在书中画出写得好的地方，到复习时，觉得也挺方便。到了初中，自己开始整理了一个好词好句积累本，里面不光记下好词好句，连精彩的标题我也会写进去，没事的时候，或者考试之前翻一翻，真的可以对自己的文笔提升带来很大帮助。

付瑞璐　北京大学　新闻与传播学院　2016 级本科生

语文这门科目是肯定需要平时的积累的，有两种方式可以帮到我们。

第一种方式比较刻意，我们可以在每天的固定时间段，去阅读课外书，然后把优美词段摘抄下来，再去背诵。

另一种方式则比较随性。我们可以在平常阅读的过程中，随意摘抄一些自己觉得写得不错的句子，写在小纸片上，贴在自己平常目所能及的地方，如床头、书桌、冰箱，甚至可以放在背包里，等公交的时候，也可以拿出来看一看。

小学时期做积累，需要简单一些，不用太深奥，深奥可能不太容易懂，而且用起来容易弄巧成拙。初中时期做积累，需要更有文学性一点，这会帮助到我们的写作。我们可以通过一些摘抄本来做积累，同时也可以通过其他的方式。我在上小学时，用的是手抄报，类似一张海报的形式。它让我觉得，做摘抄不是一件无聊枯燥的作业，而是在做某个工艺品。初中时，我就把它们做成了积累本，方便翻看，也利于定时背诵。

神思妙招

Tip 01

读书给我带来的影响深远。不仅对语文学习很有帮助,也增长了我的见识,提高了理解力。

Tip 02

小学阶段相对来说学业压力没有中学阶段大,从时间宽裕度来讲是读书的黄金期。

Tip 03

有些中学生对漫画和网络小说感兴趣,这跟我们所说的读书不同。我们读书要有选择性,要读好书。好书的思想应当是有利于帮我们培养三观的,是健康、积极向上的。

Tip 04

晚上看书经常看到舍不得睡觉,里面的故事实在是新鲜又有趣。每晚看课外书的习惯,慢慢帮助我培养了较为深厚的文学写作功底。

Tip 05

语言功底需要从小培养,文学知识更是要一点一滴地积累。这些知识,虽然不会直接出现在考试中,但一定会慢慢体现在我们的分数中。

Tip 06

做读书笔记，会让自己读的书有价值。你的读书笔记会成为丰富的资料库，上面写满了你自己的思考，这些都是你将来在考场作文中最好的素材。

Tip 07

我认为，爱阅读不一定会成绩好，但是成绩好的人一定是爱阅读的人。

Tip 08

阅读有四个层次。第一层，注重故事情节，浅尝辄止；第二层，把握文章结构，逻辑关系；第三层，薄书读厚，指的就是在读书过程中加入自己的经验、体会；第四层，厚书读薄，指的就是通过概括提炼把书中的知识变为自己的知识。

Tip 09

在我看来，做摘抄不是一件无聊且枯燥的作业，而是在做某项工艺品。

Tip 10

我认为语文学习必须要具备 5 个习惯：背诵课文古文的习惯、阅读优秀读物的习惯、推敲语言文字的习惯、积累写作素材的习惯、规范书写卷面的习惯。这 5 个习惯中，有 3 项都与阅读有关。

第三部分　提升

语文课外阅读与积累

汲取清华北大状元经验
反思自我语文学习现状
优化语文学习方法习惯
提升语文学习效率成绩

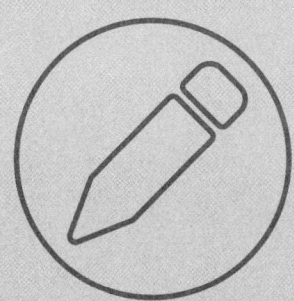

第一步:反思·我的课外阅读与积累

根据自己的课外阅读现状,结合状元分享,完成下表。

序号	内　容	我的情况
1	你坚持课外阅读多久了?(以年为单位)	
2	你会在每天(每周)的固定时间内进行课外阅读吗?	
3	每学期(学年)开始前,你会为自己设立一个阅读计划吗?	
4	你所阅读的内容,是基于个人兴趣还是应对考试?	
5	你觉得你的阅读量,与同龄人相比,偏多还是偏少?	
6	阅读的同时,你会进行摘录或做读书笔记吗?	

(续)

序号	内容	我的情况
7	你会反复阅读、甚至熟记背诵一些精美文章吗？	
8	阅读一本书时，你的阅读习惯是怎样的？如：在精彩句子下画线、在页边标注、做摘抄、诵读等。	
9	你有语文好词好句积累本吗？什么时候开始使用的？你会经常补充、翻看甚至背诵吗？	
10	检查并整理一下你阅读过的书目，以发现你关于阅读的偏好：哪些类型你读得比较多？哪些类型你读得比较少？哪些类型需要加强阅读？	
11	你觉得阻碍你进行课外阅读拓展的原因有哪些？从今天开始，你打算如何克服这些困难？	

第二步：提升·我的课外阅读计划

结合自身情况完成下表，并根据下表提示，制订符合你自身情况的课外阅读计划。

	计划内容	计划涵盖内容	制定时间	实施时间
1	制定学期阅读计划	• 整体时间跨度 • 每周（月）阅读时间安排 • 每周（月）阅读内容安排 • 每周（月）阅读书目		
2	建立学期阅读书目	• 学期必读书目 • 个人兴趣书目 • 经典名著书目 • 薄弱补强书目		
3	开启并坚持读书笔记	• 借鉴他人经验 • 购买适合的笔记本 • 培养记读书笔记的习惯		
4	制作（购买）积累本	• 根据使用场景，确定积累本大小（需要便携且常翻看） • 附件工具（胶棒或剪刀）便于粘贴		
5	成立（参加）课外阅读竞赛小组	• 在同班同学范围内设立阅读小组 • 互相竞争分享 • 互相监督、利于坚持		
6	坚持写作、练笔	• 灵活应用阅读素材 • 提升作文能力水平		

课外阅读与积累是长期过程，需要坚持。但需要在完成学校所有功课后进行，不可本末倒置。

第二周　第七天
语文教辅资料与课外阅读推荐

精益求精　中小学阶段清北状元使用过哪些语文教辅资料

耳濡目染　中小学阶段清北状元阅读过哪些经典课外图书

状元推荐：语文教辅资料

田佳轩　北京大学　历史学系　2016级本科生

我在中小学阶段用的教辅主要是《教材全解》和《倍速学习法》这两本书。两本书从内容上来讲编排差异不大，都是根据语文课本的目录进行编排的，每课都有赏析，在文言文内容方面也会有翻译，可以在我的学习过程中给予很大的帮助。因为课堂上的时间是有限的，老师不会将每个句子分析到位，我们可以利用这两本教辅来看看其他老师没有讲解到的句子应当如何解读。同时，这些教辅对文章背景、作者相关情况也介绍得比较充分。课后还会精选一些高质量的题来辅助练习，对成绩的提升作用比较明显。

薛陈　清华大学　经济管理学院　2016级本科生

上小学的时候，我买了《一点通》这本辅导书作为预习课文和理解课文的材料。这本书既整理了比较基础的字音、字形等知识，还会对课文进行深入剖析。预习时，我会把这些东西抄到课本上，第二天听课就会比较轻松，也能加深我对知识点的记忆。初中时，我使用课文辅导书《点拨》的频率比较高，学校也会发一些涉及知识点整理和解析的参考书，我会利用这些书扎扎实实地学好课本知识，培养自己的阅读理解能力。

李雪丹　北京大学　外国语学院　2017级本科生

小学、初中阶段，我用过最多的教辅资料就是绿色封面的《教材全解》，但也没太依赖教辅，一般在预习的时候用，会看一下课文作者、写作背景介绍。如果课后习题做不出来，就会参考一下教辅上面的参考答案。

付瑞璐　北京大学　新闻与传播学院　2016 级本科生

　　小学和初中的时候，我使用的辅导教材并不多，印象比较深的应该就是《教材全解》，薛金星老师的那一版本。这本书对教材的分析非常透彻，各个层面的分析会让我们更加轻松地理解老师上课讲过的、但还不明白的课文重点和含义。对我语文这门科目的预习、复习帮助很大。

状元推荐：课外阅读书目

书籍名称：《中国神话故事》
（聂作平 编著）

适合年龄：1~2年级

推 荐 人：田佳轩（北京大学 历史学系 2016级本科生）

推荐理由：神话故事总是充满幻想，它们代表着一种文化。读神话故事就好像徜徉在幻想的海洋里。盘古开天地、女娲造人、大禹治水、精卫填海……这一个个流传广泛的古代神话传说，尽在本书里为小朋友们一一呈现。走进本书，可以聆听先人留下的神话传说，不仅能够丰富孩子们的想象力，更有助于他们了解中国古典文化。

书籍名称：《安徒生童话》
（[丹麦]安徒生 著，叶君健 译）

适合年龄：3~4年级

推 荐 人：田佳轩（北京大学 历史学系 2016级本科生）

推荐理由：安徒生的童话大多充满绮丽的幻想、乐观的精神，代表作有《拇指姑娘》《海的女儿》《丑小鸭》等我们熟知的作品，不少人认识童话，也是从安徒生的作品开始的，他的童话被翻译成了140多种文字，很多都被改编为话剧、电影、动画等形式，读安徒生童话的原著对孩子的成长是大有裨益的。

书籍名称：《十万个为什么》
（韩启德　主编）

适合年龄：5~6年级

推 荐 人：田佳轩（北京大学　历史学系　2016级本科生）

推荐理由：《十万个为什么》是科普知识系列丛书。大到天文地理，小到生活琐事，每一篇文章都告诉我们一个科学小道理。不仅帮助我们开阔视野、增长知识，还能提高我们的阅读兴趣。

书籍名称：《钢铁是怎样炼成的》
（［苏联］尼·奥斯特洛夫斯基　著，梅益　译）

适合年龄：初中生

推 荐 人：田佳轩（北京大学　历史学系　2016级本科生）

推荐理由：此书讲述了保尔·柯察金从一个不懂事的少年到成为一个忠于革命的布尔什维克战士，再到双目失明却坚强不屈地创作小说，成为一块坚强钢铁的故事。书中最值得我们学习的便是保尔·柯察金那钢铁般的毅力与不屈服的信念。不忘初心，方得始终。只有启程才会到达理想的目的地，只有播种才会有收获。幸运是留给有准备的人的，踏踏实实努力，才会得到自己想要的。

书籍名称:《名人传》

（［法国］罗曼·罗兰　著，傅雷　译）

适合年龄：初中生

推 荐 人：田佳轩（北京大学　历史学系　2016级本科生）

推荐理由：本书由法国著名作家罗曼·罗兰的《贝多芬传》、《米开朗基罗传》和《托尔斯泰传》组成，它们均创作于20世纪初期，无论是对当时还是对后世，都产生了广泛影响。在这三部传记中，罗曼·罗兰没有拘泥于对传主的生平作琐屑地考述，也没有一般性地追溯他们的创作历程，而是紧紧把握住这三位不同领域的艺术家的共同之处，着力刻画了他们为追求真善美而长期忍受苦难的心路历程。罗曼·罗兰称他们为"英雄"，以感人肺腑的笔墨，写出了他们与命运抗争的崇高勇气和担负全人类苦难的伟大情怀，可以说是为我们谱写了另一阙"英雄交响曲"。

书籍名称:《平凡的世界》

（路遥　著）

适合年龄：初中

推 荐 人：田佳轩（北京大学　历史学系　2016级本科生）

推荐理由：这是中国著名作家路遥创作的一部百万字的长篇巨著。这是一部全景式表现中国当代城乡社会生活的长篇小说，全书共三部。作者在我国20世纪70年代中期到80年代中期近10年间的广阔背景下，通过复杂的矛盾纠葛，以孙少安和孙少平两兄弟为中心，刻画了当时社会各阶层众多普通人的形象。劳动与爱情、挫折与追求、痛苦与欢乐、日常生活与巨大社会冲突纷繁地交织在一起，深刻地展示了普通人在大时代历史进程中所走过的艰难曲折的道路，读来荡气回肠，令人不忍释卷，被誉为茅盾文学奖皇冠上的明珠、激励千万青年的不朽经典。

期刊名称：《意林》《儿童文学》

适合年龄： 中小学生

推 荐 人： 薛陈（清华大学　经济管理学院　2016 级本科生）

推荐理由： 这两个期刊里有很多耐人寻味的小故事，语言组织得也很好，对我的文学积累和文笔训练有比较大的帮助。我建议同学们感兴趣的话可以去买几期看一看，说不定能点燃你对阅读的兴趣。

书籍名称：《中华上下五千年》

适合年龄： 中小学生

推 荐 人： 薛陈（清华大学　经济管理学院　2016 级本科生）

推荐理由： 学有余力的同学还可以看一些历史书，比如《中华上下五千年》，它可以帮助我们了解基本的历史知识，丰富我们的学识、眼界。

书籍名称：《小王子》

（［法国］安托万·德·圣埃克苏佩里　著）

适合年龄： 小学生

推 荐 人： 李雪丹（北京大学　外国语学院　2017 级本科生）

推荐理由： 这是法国作家安托万·德·圣埃克苏佩里于 1942 年写

成的著名儿童文学短篇小说，小说的主人公是来自外星球的小王子。书中以一位飞行员作为故事叙述者，讲述了小王子从自己星球出发前往地球的过程中所经历的各种历险。作者以小王子孩子式的眼光，透视出成人的空虚、盲目、愚妄和死板、教条，用天真浅显的语言写出了人类的孤独寂寞、没有根基、随风流浪的命运。同时，表达出作者对金钱关系的批判，对真善美的讴歌。情节饱满，跌宕起伏，环环相扣，在充满趣味性和丰富想象力的同时也非常有深度，能够启发我们去思考。

书籍名称：《城南旧事》

（林海音　著）

适合年龄： 小学生

推 荐 人： 李雪丹（北京大学　外国语学院　2017级本科生）

推荐理由： 作品讲述了一段关于英子童年时的故事。通过英子对童年往事的回忆，反映了作者对童年的怀念和对北京城南的思念。《城南旧事》的场景设定在20世纪20年代末北京城南一座四合院里。小英子作为一个主要人物出现在文章中，当她发现大人们的良好愿望与现实之间存在着巨大反差时，她天真善良的幼小心灵就愈发显得孱弱。缠绕在文章中那种无往不复的悲剧轮回，也就更加令人触目和深省，这也正是该小说显得丰富厚重的关键之处。

书籍名称:《围城》

（钱钟书 著）

适合年龄： 初中生

推 荐 人： 李雪丹（北京大学 外国语学院 2017级本科生）

推荐理由： 一部中国现代文学史上风格独特的讽刺小说，被誉为"新儒林外史"。《围城》讲的是主人公方鸿渐的人生历程，里面有爱情纠葛，也有职场争斗。虽然该书以20世纪30~40年代为时间背景，但当中反映出来的人性本质至今依旧没变。直到今天，我们身边也有无数个"方鸿渐"，或许我们自己就是"方鸿渐"。我认为，《围城》堪当人生之书。

书籍名称:《哈姆雷特》

（威廉·莎士比亚 著）

适合年龄： 初中生

推 荐 人： 李雪丹（北京大学 外国语学院 2017级本科生）

推荐理由： 这是莎士比亚所有戏剧中篇幅最长的一部，也是莎士比亚最负盛名的剧本，具有深刻的悲剧意义。里面有复杂的人物性格以及丰富完美的悲剧艺术手法，代表着整个西方文艺复兴时期文学的最高成就，同《麦克白》《李尔王》和《奥赛罗》一起组成莎士比亚"四大悲剧"。如果可以，我还推荐大家去看《哈姆雷特》的歌剧版本，通过另一种艺术表达形式，我们能发现它更多的美。

书籍名称:《童年》

（［苏联］高尔基 著）

适合年龄： 中小学生

推 荐 人： 付瑞璐（北京大学 新闻与传播学院 2016级本科生）

推荐理由： 这是高尔基以自身经历为原型创作，是他自传体小说三部曲中的第一部，写出了高尔基对苦难的认识和对社会人生的独特见解，表达了一种生生不息的热切期望与坚强。希望通过阅读这本书，可以坚定大家对于学习的信心和决心。

书籍名称:《骆驼祥子》

（老舍 著）

适合年龄： 中学生

推 荐 人： 付瑞璐（北京大学 新闻与传播学院 2016级本科生）

推荐理由： 这是一篇长篇小说，讲的是20世纪20年代人力车夫的悲惨命运。推荐这本书的原因，一是能够帮助我们了解中国那个时期的社会背景。其次，这本书的结构非常缜密，线索异常分明。在展现人物内心活动时，描写、叙述、议论融为一体，十分细腻。作品中的人物语言描写，极大程度上保留了北京口语的原汁原味，语言非常富有特色。这本书不仅蕴含强大的思想力量，也体现出作者高超的写作技巧，值得大家学习。

FOLLOW THE EXAMPLE

状元学习法
学习习惯养成计划
30天优质学习素质养成

王大明 ◎ 编著
状元工坊 ◎ 组编

机械工业出版社
CHINA MACHINE PRESS

第三周培养计划

数　　学

　　数学是我们最早接触的学科之一。从学前阶段的"数数",到初高中阶段的复杂解题,数学的学习一直陪伴我们整个求学生涯。数学,被称为自然科学的王冠。数学在科技发展、人类文明进步中发挥着越来越重要的作用。可以说,数学是学习和研究现代科学技术必不可少的基本工具。学好数学,不仅是学生阶段求学应试的必需,更是我们未来谋业发展的基石。未来,不管你从事生物、化工、经济、金融等哪个领域的工作,均需要良好的数学基础。一个人的数学基础与数学能力对一个人未来的发展至关重要。

第三周培养计划　数学

目　录

第三周　第一天　数学学科特点与学习方法　　　　　　　　　　/ 001

第一部分　课前准备

自我检查 | 发现问题 | 自我反省　　　　　　　　　　　　　　/ 003

第二部分　正课

状元的数学学习　　　　　　　　　　　　　　　　　　　　　/ 008

第三部分　提升

我要这样学数学　　　　　　　　　　　　　　　　　　　　　/ 015

第三周　第二天　数学与科学刷题　　　　　　　　　　　　　　/ 021

第一部分　课前准备

自我检查 | 发现问题 | 自我反省　　　　　　　　　　　　　　/ 023

第二部分　正课

数学与科学刷题　　　　　　　　　　　　　　　　　　　　　/ 028

第三部分　提升

数学与科学刷题　　　　　　　　　　　　　　　　　　　　　/ 037

第三周　第三天　数学解题技巧　　　　　　　　　　　　　　　/ 043

第一部分　课前准备

自我检查 | 发现问题 | 自我反省　　　　　　　　　　　　　　/ 045

第二部分　正课

数学解题技巧　　　　　　　　　　　　　　　　　　　/ 050

第三部分　提升

数学解题技巧　　　　　　　　　　　　　　　　　　　/ 058

第三周　第四天　数学提分策略　　　　　　　　　　　 / 063

第一部分　课前准备

自我检查 | 发现问题 | 自我反省　　　　　　　　　　　　　　/ 065

第二部分　正课

数学提分策略　　　　　　　　　　　　　　　　　　　/ 070

第三部分　提升

数学提分策略　　　　　　　　　　　　　　　　　　　/ 079

第三周　第五天　数学兴趣培养　　　　　　　　　　　 / 085

第一部分　课前准备

自我检查 | 发现问题 | 自我反省　　　　　　　　　　　　　　/ 087

第二部分　正课

数学兴趣培养　　　　　　　　　　　　　　　　　　　/ 092

第三部分　提升

数学兴趣培养　　　　　　　　　　　　　　　　　　　/ 099

第三周　第六天　数学难题与竞赛　　　　　　　　　　 / 103

第一部分　课前准备

| 自我检查｜发现问题｜自我反省 | / 105 |

第二部分　正课

| 数学难题与竞赛 | / 110 |

第三部分　提升

| 数学难题与竞赛 | / 119 |

| 第三周　第七天　数学教辅资料与课外阅读推荐 | / 125 |

第三周　第一天

数学学科特点与学习方法

数学是逻辑性很强的学科，对人的思维能力有较高要求。数学成绩的好坏，除了要依赖大量练习外，更需要学习者对这门功课的学科特点、基本学习方法，有一个整体了解，以便宏观把握。所谓"不畏浮云遮望眼，自缘身在最高层"，只有深刻领会到数学的学科特点，才能从烦琐的运算、解题等微观行为中解脱出来，才能站高一线，领悟到数学学科的真正魅力。了解数学的考核要点、学习重点，按图索骥，才能从根本上找到符合自己的学习方法，才能在考试中取得优秀的成绩，最终，才能在数学这门科目的学习中掌握主动，建立起自信。

第一部分　课前准备

自我检查 | 发现问题 | 自我反省

认知测评：我怎么看数学

根据你的认知，对下表的各种说法，表达你的观点（在"同意"或"反对"栏打√）。

序号	说　法	同意	反对
1	数学是所有学科中最为重要的一门，不仅因为它的分数在多科总分中占比高，同时也是由于其他科目中也会或多或少地运用到数学知识。		
2	遇到问题后，尝试举一反三，这样，数学思维能被慢慢训练出来。		
3	做题是数学的灵魂，学完新知识并完成作业后，我们有必要进行一定量的题目训练。		
4	遇到不会的难题时，我都是直接看答案，这样可以节约不少时间。		
5	数学课上记笔记很重要，需要一笔一画把老师讲的全记下来，防止遗漏。这样，即使课堂上没听懂，课后也能看笔记复习。		

（续）

序号	说法	同意	反对
6	数学应用领域很广，小到原子大到天体运动，甚至看似毫无关系的人文哲学，都与数学有莫大的关系。		
7	如果认为数学只是一堆无聊的数字、字母以及无聊的计算的话，是学不好数学的。		
8	数学是一门逻辑严谨的科学，也是我们接触的第一门科学类学科。		
9	小学阶段必须养成按时完成作业、自主完成作业的习惯，这对以后的数学学习非常有帮助。		
10	数学学习需要天赋。数学成绩好的人，就是比别人聪明。		

习惯检视：我的数学学习

根据平时数学学习情况，选择与你较为贴合的选项，在选项上打√。

序号	自我检测	选	项		
1	你的数学成绩怎样？ A. 优秀。　　　　B. 良好。 C. 一般。　　　　D. 较差。	A	B	C	D
2	你会在学习数学新课之前，提前进行课前预习吗？ A. 会。　　　　B. 不会。	A		B	
3	每天完成数学作业后，如有空余时间，你通常会： A. 对自己掌握不好的题型，多做一些题目进行加练。 B. 闲暇不易，好好休息。	A		B	
4	你认为自己在数学方面属于： A. 天赋型。时间花得不多，但总能抓住学习的重点，成绩不错。 B. 勤奋型。在数学上花费精力较多，成绩不错。 C. 兴趣型。感兴趣的知识点学得好，不感兴趣的知识点学得差。 D. 缺陷型。数学这科没天赋，学习很吃力，成绩很不好。	A	B	C	D
5	在学习兴趣方面，你认为自己在数学上，属于： A. 特别感兴趣。　　B. 比较感兴趣。 C. 没兴趣。　　　　D. 很不喜欢。	A	B	C	D

（续）

序号	自我检测	选项			
6	你是否认同数学学习中存在性别差异（男生更擅长学理科、女生更擅长学文科）？ A. 认同。 B. 怀疑。 C. 不认同。 D. 强烈反对。	A	B	C	D
7	每当学习完一个数学章节或知识点后，你会进行体系梳理（比如梳理每个大知识点包含哪些小知识点以及各知识点间的关系）吗？ A. 会。　　　B. 不会。	A		B	
8	数学考试方面，你失分最多的一项通常是： A. 填空题。 B. 选择题。 C. 计算题。 D. 应用题（大题）。	A	B	C	D
9	你参加过校外数学辅导班吗？ A. 没有。 B. 参加过（目前正在参加）。	A	B	C	D
10	下列科目中，你最喜欢的是： A. 语文。 B. 数学。 C. 英语。 D. 历史。	A	B	C	D

第二部分　正课

状元的数学学习

按照本教材指定地址
学习本章节视频课程

状元录

收看视频课"第15课:数学学科特点与学习方法",完成下表。

状元分享要点	我的收获

状元锦囊

> 锦囊1
> 如何看待数学这门学科

李王子博　清华大学　工程物理系　2019级本科生（高考数学满分）

在我看来，数学学科是一门比较难掌握的学科，它对逻辑和思维的要求很高，也有许多细节性的地方需要注意。总体来说，数学学习有难度，但能突破。

王宇　北京大学　法学院　2015级本科生、2019级硕士生（高考数学满分）

数学它需要较强的逻辑思维能力和运算能力才能学好。

张毅　清华大学　数学科学系　2019级本科生（高考数学满分）

数学的重要性，绝不仅在于考试。数学的应用领域，小到原子，大到天体运动，甚至看似毫无关系的人文哲学，都与数学有莫大关系。可以说，世界上任何一件事情，少了数学都无法正常运转。因此，学好数学十分重要。数学学习最大的一个特点就是这门学科需要很强的逻辑思维以及合理运用各种方法技巧的能力。

张晓彤　北京大学　国家发展研究院　2018级本科生（高考数学149分）

我现在是一名研修经济学的本科生，而经济学本身就是一门很依赖数学基础的学科。数学是一门逻辑严谨的科学，是我们接触的第一门科学类学科。想要学好数学，首先需要的是逻辑思维——说话要有理有据，做事要步步严谨。同时，学好数学也需要掌握很多基本功，如公式定理的积累、计算能力的锻炼等。

> 锦囊 2
> 如何才能学好数学

李王子博　清华大学　工程物理系　2019 级本科生（高考数学满分）

要学好数学，首先要训练严谨的思维。一个强大、严谨的思维，不仅能够助你尽快掌握新知识，并且能在做题时，更快地求解出答案。数学思维的训练，要从小开始：遇到问题时，多思考问题的本质，而不要仅限于问题表面；遇到问题后，要尝试举一反三。其次，需要养成严谨的学习习惯。严谨的习惯能让我们遇到问题时多加思考，避免出现"想当然"的情况，避免引起一些不必要的错误。

王宇　北京大学　法学院　2015 级本科生、2019 级硕士生（高考数学满分）

首先，要养成预习的习惯。每次上数学课之前，我都会把课本上相关的内容先看一遍。其次，要养成良好的课堂习惯。上课时，要先保证能听懂。很多同学在上课时，从头到尾一直在埋头记笔记，但是听课效果非常差，这是本末倒置。课堂上的 45 分钟非常重要，一定要先紧跟老师的节奏，听课的过程中，可以记录关键词，但听懂才是最关键的。如果上课没听懂，笔记记得再好，你也学不好。建议：数学课堂笔记可以等到课下再进行完善、整理。

张毅　清华大学　数学科学系　2019 级本科生（高考数学满分）

要学好数学，首先需要对这门科目有很大的兴趣。如果你认为数学只是一堆无聊的数字、字母与计算的话，你是学不好数学的。其次，想要学好数学，掌握每一个知识点至关重要。在学习每一个知识点时，一定要清楚：这个知识点的具体概念是什么，它能用来解决什么问题，它有哪些例题。最后，要学会构建知识体系。每一个大的知识点里面有哪些小的知识点，每一个大的知识点之间又有什么关系。这些都是在课上学完后，需要额外整理的。

> 锦囊 3
> 我是如何学习数学的

李王子博　清华大学　工程物理系　2019 级本科生（高考数学满分）

学习新知识前，我会先进行适当的预习，这样在上课时，就能更加高效地获取老师所讲的知识。

在课下，我会在完成老师布置的作业的基础上，再做一定的课外题训练，从而加深我对这方面知识点的理解。我在小学的时候，接触过一段时间的奥数，它对我数学思维的塑造有一定的作用，但它不是学好数学的必要条件，最重要的是课堂的高效学习以及课下的自我巩固。

遇到难题时，我会与老师、同学讨论，我并不会直接向老师请教一道题怎么做，而是会说一些我自己的想法，然后听老师和同学的意见，再通过自己的思考将它做出来。如果直接问答案，那么通过这道题我收获到的内容是很少的；并且，在与老师、同学的讨论中，我能在解题思路上得到更多的提升。

张毅　清华大学　数学科学系　2019 级本科生（高考数学满分）

我在学习数学这门课时，会高密度、集中地去训练一个板块的知识，这样，我就可以清楚地知道自己哪些知识已经掌握了，哪些部分还需要继续努力，然后再进行一次针对性的高密度训练。我认为，这也是学好数学非常重要的一步。

神思妙招

Tip 01

数学学科最大的特点是,它是一门需要很强的逻辑思维能力,以及需要将各种方法、技巧合理运用的学科。

Tip 02

如果你认为,数学只是一堆无聊的数学、字母、计算的话,你是学不好数学的。

Tip 03

小学、中学阶段,学习的数学知识都不会很抽象。因此,在这个阶段培养对数学的兴趣很重要。

Tip 04

一定要认真、有耐心地按照要求去做基础训练。虽然你有时可能会觉得这些训练很无聊,但这些都是在为你今后的数学学习打下扎实的基本功。

Tip 05

对于数学的学习,我并没有将它当成一个任务去看待,而是用一种钻研的态度去学,去理解每一个知识点,并搞清楚它的应用范围。

Tip 06

做题，是数学的灵魂。在学完新知识并完成作业之后，我们有必要进行一定量的题目训练。

Tip 07

小学阶段必须养成按时完成作业、自主完成作业的习惯。这对以后的学习非常有帮助。

Tip 08

只要意识到数学的重要性，并开始重视数学学习，那么，学好数学将不再是一件困难的事。

Tip 09

课上的 45 分钟非常重要！一定要先听老师讲课，笔记可以等到课下再进行完善和整理。

Tip 10

小学阶段，最重要的是培养数学兴趣和严谨的逻辑思维。

第三部分　提升

我要这样学数学

汲取清华北大状元经验
反思自我数学学习现状
优化数学学习方法习惯
提升数学学习效率成绩

第一步：反思·我的数学学习

根据自己当前数学学习的真实情况，完成下表，在"是""否"栏内打√。

序号	内 容	是	否
1	目前，我在数学学科学习方面，各项习惯都较好。		
2	每天，我都对数学课程进行认真的预习、复习，并认真完成作业。		
3	我喜欢数学。因为，数学是一门有趣的、能锻炼人思维的学科。		
4	遇到难题，我不会放弃，喜欢攻克它，并享受解题后的自豪和喜悦。		
5	我很重视课堂听讲。数学课上，我会紧跟老师的思路，听课效率很高，当天所学的新知识，多数能在课堂上掌握。		

(续)

序号	内容	是	否
6	如果有时间，我会针对自己在数学方面的薄弱环节，加练一些题目，以巩固知识点，熟练解题技巧。		
7	我从来不拿"马虎""粗心"等作为自己解题有困难、成绩不佳的借口。在我看来，马虎和粗心从根本上来看是因为对知识点的掌握不熟、不准确。		
8	我不喜欢数学，但并不妨碍我把数学学好。		
9	与天赋相比，勤奋、坚持和良好的学习习惯，更能让人学好数学。		
10	我在数学学习方面存在一些误区。下一步，我要调整自己的学习方法与学习习惯，争取提高数学成绩。		

第二步：提升·我的数学提升计划

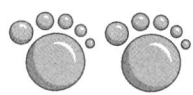

根据下表提示，反思自己数学学习的各个环节，制订适合自己的数学提升计划。

序号	项 目	个人评价 （满分10分）	做得好的方面	需要提升的方面
1	数学预习			
2	数学复习			
3	课堂听讲			
4	知识整理			
5	数学作业			
6	数学做题			

（续）

序号	项 目	个人评价 （满分10分）	做得好的方面	需要提升的方面
7	思维培养			
8	兴趣培养			
9	知识拓展 （奥数）			
10	善于提问			

备注：以"数学预习"为例。个人评价：8分；做得好的方面：①每天坚持预习；②预习内容为第二天新课；③预习工具为课本和练习册。需要提升的方面：①注意周预习（知识模块预习），便于构建知识体系；②预习遇到难点后，要与课堂听讲结合，提高听课效率。

第三周 第二天

数学与科学刷题

清华、北大状元们的学习经验表明：在数学这门功课的学习过程中，"刷题"必不可少。甚至有人将"刷题"说成是学好数学的"灵魂"。小学至高中阶段，我们所学的数学知识主要就是为了解题。只有通过做题，才能反映出大多数学生对数学知识的理解和掌握程度。本章节，我们邀请大家与清华、北大状元们一起，关注数学的做题经验，领略数学的解题技巧。

第一部分　课前准备

自我检查 | 发现问题 | 自我反省

认知测评：我怎样看待数学与做题

针对下列说法，赞同在"同意"栏打√，不赞同在"反对"栏打√。

序号	说　法	同意	反对
1	要想让自己的数学成绩变好，就要多做题，也就是多"刷题"。		
2	"刷题"应该与个人情况匹配。基础薄弱的同学，应做一些基础知识题。如果基础好，可以多做一些综合性强、拓展思维的题。		
3	题目做完后，对完答案就可以了，不需要回顾与反思。		
4	带着思考有质量地"刷题"，即使做题不多，也能比别人收获更多。		
5	小学阶段，只要认真完成老师布置的作业，大家在数学上的分数差距不会太大。但如果到了初高中，因为做题量的多少而产生的差距就会越来越明显。		

(续)

序号	说　法	同意	反对
6	通过做题巩固知识的习惯，要从小学开始养成。		
7	老师布置的作业针对的是班级平均水平的学生，对于尖子生来说，课内的知识显然不够。		
8	只要是可以帮助你熟练掌握知识点的题，不需要挑，什么题都可以"刷"。		
9	现在中小学生学的知识点都比较简单，完全没必要通过"刷题"去巩固和提高对知识的理解。		
10	无节制的"刷题"不可取，要有针对性地做题，而且要做质量高的习题。		

习惯检视：我这样做数学题

根据下表中的自检内容，选择与你情况相符的一项，在选项前打√。

自检内容	符合选项
1. 你目前就读几年级？	☐ 1~3年级　☐ 4~6年级 ☐ 初中　☐ 高中及以上
2. 你每天会做哪些数学题？	☐ 仅限作业　☐ 作业+课外习题 ☐ 作业+课外习题+专项加练 ☐ 作业+课外习题+专项加练+奥数难题
3. 相对同班同学，你的做题量属于：	☐ 较多　☐ 差不多 ☐ 较少　☐ 少很多
4. 你的数学成绩在班级内的排名属于：	☐ 名列前茅　☐ 中等偏上 ☐ 中等　☐ 中等偏下
5. 你认为老师平时布置的数学作业量：	☐ 太多了　☐ 适中 ☐ 较少　☐ 很少
6. 你认为自己平常做的数学题难度大多属于：	☐ 很难　☐ 有些难度 ☐ 一般　☐ 太简单

(续)

自检内容	符合选项
7. 数学做题占用你每天所有功课时间的:	☐ 一半以上 ☐ 1/3 到 1/2 ☐ 1/4 左右 ☐ 很少
8. 你会针对数学薄弱环节进行加练吗?	☐ 经常会 ☐ 考前会 ☐ 从不会 ☐ 没想过
9. 你觉得多做题会帮助你数学进步吗?	☐ 一定会 ☐ 不一定 ☐ 不会
10. 遇到不会的难题,你一般会怎么处理?	☐ 先自己攻关,实在不会,再对答案 ☐ 立刻看答案,依照答案订正 ☐ 先独立思考,实在不会,再看答案,并进行思路总结,甚至向同学、老师请教,直至搞懂、弄明白 ☐ 很少遇到难题

第二部分　正课

数学与科学刷题

按照本教材指定地址
学习本章节视频课程

状元录

收看视频课"第16课：数学与科学刷题"，完成下表。

状元分享要点	我的收获

状元锦囊

「锦囊 1
关于数学"刷题"

李王子博　清华大学　工程物理系　2019 级本科生（高考数学满分）

在小学至高中这个阶段，我们所学的数学知识主要是为了解题，只有通过解题，才能反映出一个人对数学知识的理解和掌握程度。如果脱离了解题，那无异于纸上谈兵。因此，我认为，数学学科成绩的好坏与"刷题"有着较大的关系。我提倡数学这门科目要多刷题，但这个"刷"应该是有质量的"刷"，所选的题型应该与个人的情况相匹配。

**王宇　北京大学　法学院　2015 级本科生、2019 级硕士生
　　（高考数学满分）**

我觉得小学和初中阶段，只要把作业保质保量地完成了，成绩就不会太差，对于想要追求高分甚至满分的同学，确实需要多做一些课外的练习题。毕竟老师布置的作业，针对的是班级中平均水平的学生，对于尖子生来说，课内的知识显然是不够的。

张毅　清华大学　数学科学系　2019 级本科生（高考数学满分）

数学成绩的好坏，在一定程度上与"刷题"有关。但这是建立

在你已经理解并熟悉了相应知识点的基础上。如果你连知识点都不能理解透彻，就谈不上刷题。

张晓彤　北京大学　国家发展研究院　2018 级本科生（高考数学 149 分）

我觉得盲目"刷题"不可取，需要有针对性地做题，而且要做质量高的题。一味地埋头做题，而不关心别的事，是不会有很大提升的。

> 锦囊 2
> 数学应该怎样"刷题"

李王子博　清华大学　工程物理系　2019 级本科生（高考数学满分）

首先，我认为科学"刷题"的第一步，是要找到适合自己的题目来"刷"。如果你的基础比较薄弱，那么所"刷"的题就应该是以考查基础知识的题为主；如果你的基础比较好，那么可以"刷"一些综合性比较强、拓展思维的题。确定题的类型之后，就要注重"刷题"质量。在我看来，有质量的"刷题"应该是带着思考去"刷题"，在"刷题"的时候，要不断地思考，尽量在"刷题"的过程中，回顾一下与这道题相关的知识点。

要记住：我们"刷题"的目的是为了巩固提升，并不是单纯为了完成老师布置的任务。通过知识点的回顾，再结合解题过程，就会加深对这个知识点的理解。

其次，"刷"完题之后，要回顾与反思。回顾自己之前"刷"

的题有没有不会做的，有没有掌握得不是很牢固的知识点。反思自己做题的效率过不过关，反思自己在解题过程中的方法是否还能更简便一点。通过这些过程，我们"刷"过的题就能真正地内化在我们脑海中，从而收获良多。

张毅　清华大学　数学科学系　2019级本科生（高考数学满分）

数学"刷题"分下面介绍的几个阶段：

首先，是帮助你熟练掌握知识点阶段的"刷题"，这个阶段，不要挑题，什么题都可以"刷"。

其次，在你熟练掌握了这些知识后，你要把你"刷"过的题型进行分类，看看每个类型的题目是否都会了。

紧接着，就只"刷"那些你还没有完全掌握的题型，或者你从来没有见过的题型。

最后，可以"刷"一些跨度比较大的题目，通过它们来对题目中涉及的知识点进行综合运用。

「锦囊3
我是这样"刷"数学题的

李王子博　清华大学　工程物理系　2019级本科生（高考数学满分）

在中小学阶段，我"刷"的题并不比周围的人多太多，但由于我是带着思考去"刷题",有质量地去"刷题",因而通过比较少的题,获得了比别人更多的收获。如果"不刷题",只是完成老师布置的作业,我认为是不够的。在小学阶段或许不会看出太大的差距,因为小学的数学课只要认真完成老师布置的作业,分数差距都不会太大。但到了初中、高中,不"刷题"的差距就会变得越来越明显。我的数学成绩一直都比较好,因此,平时我做的都是一些拓展思维的题,相对来说难度较高。

王宇　北京大学　法学院　2015级本科生、2019级硕士生
（高考数学满分）

我觉得我自己在中小学阶段"刷"的题并不多,我的题目主要来自老师的推荐。因为老师有着多年的教学经验,我一般会经常去办公室找数学老师要题目做。有时候,老师会给我推荐一些教辅资料或者试卷,有时候他自己会在网上下载一些好的题目,整合在A4纸上,打印出来给我做。

张昇　清华大学　数学科学系　2019级本科生（高考数学满分）

中小学阶段,我"刷"的题比同龄人多。所"刷"题目主要是一些帮助开拓我视野的思考题,或者是奥数题、竞赛题。我用过的课外题库很多,我觉得最好的"刷题"书,还是《5年中考　3年模拟》和《5年高考　3年模拟》。此外,我也"刷"过一些知识点比较集中的奥数书以及关于圆锥曲线和导数这两方面知识点的书等。小学和初中阶段,其实我做过的数学题挺多的。小学阶段,我很喜欢奥数,做了很多和奥数有关的题目。到了中学,我对几何和函数比较感兴趣,又做了很多和这方面有关的题目。

神思妙招

Tip 01

我们所学的数学知识主要是为了解题。只有通过解题,才能反映出我们对数学知识的真实理解和掌握程度。如果脱离了解题,无异于纸上谈兵。

Tip 02

应该有思考地"刷题"。"刷题"的时候,要不断地思考,尽量在"刷题"过程中,回顾一下与这道题相关的知识点。

Tip 03

建议从小学开始,就培养起"刷题"的习惯。只是小学"刷"的题,可以稍微少一点,但习惯要养成。

Tip 04

想要追求高分甚至满分的同学,需要多做一些课外的练习题。毕竟老师布置的作业,针对的是班级平均水平的学生,对于尖子生来说,课内知识显然是不够的。

Tip 05

中小学阶段的学生,完全没必要通过"刷题"去巩固和提高对知识的理解。这个阶段的学习重心应该落在增加对数学的兴趣以及拓宽自己的数学知识面上。

Tip 06

每天做完练习之后,要认真核对答案,了解解题方法以及自己容易犯错的地方。

Tip 07

在小学阶段,我做得比较多的就是作业最后面、老师经常不要求做的思考题。那些题目对我后期逐渐成熟后的数学思维的形成有很大帮助。

Tip 08

我做的都是一些拓展思维的题,难度相对较高。因为我的数学基础比较好,再做基础题,有些浪费时间。

Tip 09

初中阶段,我开始接触一些比较难的课外题目,如《5年中考 3年模拟》上的一些难题。通过它们,我可以了解到一些课堂中老师不会涉及的知识点，这对将来的高中数学学习有一定的帮助。

Tip 10

小学阶段，只要认真完成老师布置的作业，每位同学的数学成绩差距都不会太大。一旦到了初、高中，做题量导致的成绩差距就会变得越来越明显。

第三部分　提升

数学与科学刷题

汲取清华北大状元经验
反思自我数学学习现状
优化数学学习方法习惯
提升数学学习效率成绩

第一步:反思·我的数学与"刷题"

根据下表陈述,对照个人平时情况,在"是"或"否"栏内打√。

序号	现象描述	是	否
1	我目前做的题,基本还是停留在老师布置的作业范围内,但偶尔也会做做课外题。		
2	我在数学题方面,会抓重点,对于自己已经掌握的,就少做;对于自己薄弱的,就会专门练习。		
3	我的数学比较薄弱,这跟我平时做题少或不做题有关。		
4	目前,数学是我的强势科目,但我平时很少做题。我把自己的大部分时间都花费在弱势学科上面了。		
5	难题或思考题我很少做。这些题目太难且花时间,考试也不一定会考。		

（续）

序号	现象描述	是	否
6	我平时喜欢做思考题，这会锻炼我的思维能力。		
7	我有一个难题本，用来集中存放我曾经遇到过的难题好题，我会经常拿出来翻看、思考和总结。		
8	我们平时的作业太多了，没有时间进行课外"刷题"。		
9	我有很多关于数学方面的书籍，我会经常阅读它们，拓展我的视野。		
10	我解每道数学题时，通常都用时较多、效率不高。我觉得自己解题方法不多，处理起题目来不够灵活。		

第二步:提升·我的数学做题计划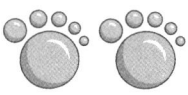

根据下表提示,结合个人情况,制订你的数学做题计划,以提高数学学习成绩。

序号	项目	目前现状	改善计划
1	个人数学成绩状况	□ 优 □ 良 □ 中 □ 差	
2	数学作业完成情况	□ 每次都能高质量完成 □ 基本能完成 □ 差不多能完成 □ 经常完不成	
3	个人数学基础情况	□ 优 □ 良 □ 中 □ 差	
4	课外基础题做题量	□ 多 □ 适中 □ 少 □ 无	
5	日常数学题目来源	□ 课本 □ 练习册 □ 其他	

（续）

序号	项 目	目前现状	改善计划
6	课外拓展题做题量	☐ 多 ☐ 适中 ☐ 少 ☐ 无	
7	错题本（难题本）使用情况	☐ 经常 ☐ 偶尔 ☐ 无	
8	日常数学做题习惯	☐ 好 ☐ 一般 ☐ 差	
9	数学思维培养的方式及渠道	☐ 兴趣班 ☐ 奥数班 ☐ 阅读拓展	
10	弱项（知识点）补强	列举薄弱环节，制订专项计划	

第三周　第三天

数学解题技巧

如果说，小学到高中阶段，我们学习数学的主要任务是为了考试，为了解题。那么，关于数学的解题技巧，对这个阶段的绝大多数学生来讲，就显得格外重要。论数学的解题技巧，考入清华、北大的状元们在这方面无疑是非常有发言权的。本章节，让我们一起来学习他们的独门解题技巧，领悟数学的解题之道。

第一部分　课前准备

自我检查 | 发现问题 | 自我反省

认知测评：我怎么看数学解题技巧

针对下列观点表达你的看法，认同在"同意"栏打√，不认同在"反对"栏打√。

序号	内　容	同意	反对
1	拿到一道题后，先要看清题目要求，然后再下笔解题。		
2	很多情况下，我们把题目做错的根本原因是：没有看清题意。		
3	不同的题型，有不同的应对策略（解题方法）。		
4	考试或做题时间不够用，很大一部分原因是解题方法过于单一。		
5	数学解题的结果很重要，过程不重要。		

（续）

序号	内　容	同意	反对
6	填空题更需要花时间去细心地做，因为填空题没有过程分。		
7	所有数学解题技巧中，最基础的是计算能力。		
8	数学考试要求卷面整洁，读题时千万不要在题上标注、画线。		
9	只有平时对自己严格要求，养成良好的解题习惯，考试时才能不慌乱，从容应对。		
10	最后一道难题，很多人都做不出来，我们可以放弃。只要前面的题目做好了，最后的分数也不会低。		

习惯检视：我如何解数学题

阅读下列各题，在符合自己实际情况的选项内打√。

序号	内 容	选 项			
1	拿到一道数学题时，你的第一反应是： A. 先看是不是熟悉的题型。 B. 先读题、审题，然后回忆之前是否做过。 C. 认真审题，列明条件、明确题目要我们求解的是什么。 D. 拿到题目就做，没时间进行思考。	A	B	C	D
2	关于选择题，你经常会使用下列哪些解法？ A. 排除法。 B. 代入法。 C. 直接求解法。 D. 以上都会经常使用。	A	B	C	D
3	你在下列哪一（几）类题型中失分较多？ A. 填空题。　　　　B. 选择题。 C. 简答题。　　　　D. 应用题。	A	B	C	D
4	平时，你会针对各类题型做解题技巧方面的积累吗？ A. 会。　　　　　　B. 不会。	A		B	
5	提高解题技巧的途径有： A. 多做题。　　　　B. 多总结。 C. 多思考。　　　　D. 以上都是。	A	B	C	D

（续）

序号	内容	选项			
6	每次数学考试时，你觉得时间够用吗？ A. 时间充沛。 B. 时间刚好。 C. 时间很紧。 D. 时间不够用，题目做不完。	A	B	C	D
7	你们老师专门讲解过各类题型的解题技巧吗？ A. 讲过。　　　　B. 没有。	A		B	
8	你觉得自己的数学解题技巧或能力，在同班同学中属于： A. 能力突出。　　B. 能力中等。 C. 能力一般。　　D. 能力较差。	A	B	C	D
9	解题过程中，你会因为计算过程口算、跳步等原因算错失分吗？ A. 经常。　　　　B. 偶尔。 C. 极少情况不会有。　D. 从不。	A	B	C	D
10	解数学题时，你会使用草稿纸吗？ A. 做题必用草稿纸。 B. 看题型，复杂的计算、大题会用。 C. 顺手拿一张，用完就丢。 D. 很少用。	A	B	C	D

第二部分　正课

数学解题技巧

按照本教材指定地址
学习本章节视频课程

状元录

收看视频课"第 17 课:数学解题技巧",完成下表。

状元分享要点	我的收获

状元锦囊

**锦囊 1
数学解题技巧**

李王子博　清华大学　工程物理系　2019 级本科生（高考数学满分）

解数学题，首先需要知道这道题的条件有哪些，也就是我们已知了什么，然后要明确题目要求解的是什么。只有把条件和目标搞清楚了，才能够继续往下求解。要不然，之后求解所做的工作就是在白费力气。

王宇　北京大学　法学院　2015 级本科生、2019 级硕士生（高考数学满分）

大家平时做题的时候，要学会把每一个已知条件转化成数学算式，找到算式之间的联系，一般就能把正确的答案解出来。

张毅　清华大学　数学科学系　2019 级本科生（高考数学满分）

做一道数学题，就好像是在过河一样。首先，你要明白你的起点在哪儿，也就是你有哪些已知的信息。其次，你还得明白你的终点在哪儿，也就是你要达成一个什么样的目标或者结论。而你需要做的是细想每一个已知条件能推理出什么子条件，每个子条件又可以继续推出什么样的结论，到这一步，就好像是在做一个排列组合的问题。哪些条件组合起来能够到达对岸，哪些条件组合起来最省力？把这些问题综合考虑进来，你就能把题漂亮地解出来了。

张晓彤　北京大学　国家发展研究院　2018 级本科生
（高考数学 149 分）

关于数学的解题技巧，不同题目所侧重的点也有所不同。但最基础的是计算。我从小到大都没有使用过计算器做作业，所以我的计算能力一直处于较高的水平，这也是我数学成绩一直发挥稳定的诀窍。

> 锦囊 2
> 不同题型的解题方法

李王子博　清华大学　工程物理系　2019 级本科生（高考数学满分）

数学试卷的题型一般分为选择题、填空题和简答题，下面我针对这三种题型和大家分享下我的解题方法。

（1）选择题的解法主要有排除法、代入法，还有直接求解法。很多时候，选择题的某些答案是明显错误的，我们可以直接把它划去，这样就缩小了正确答案的范围，即便最后实在无法求解，那么"蒙对"的概率也会高很多。代入法适用于一些不易直接求解的题，可以把答案直接代入，判断条件是否满足，有时也不失为一种好方法。直接求解就没什么捷径可走了，通过自己所掌握的方法求解就好。这三种方法具体选择哪种，取决于特定的题目和自己对知识掌握的水平。

（2）填空题的解题技巧与简答题类似，需要认真读题，认真求解，只是不需要将过程展现出来罢了。

（3）对于简答题，首先要确保书写工整，条理要清楚，能够体现思考的过程；其次，就算不能完整解答，也要写清楚步骤，这种题判卷老师是根据步骤给分的。

王宇　北京大学　法学院　2015级本科生、2019级硕士生（高考数学满分）

对于选择、填空题，我一般会采用一些类似二级结论的技巧，快速做出来。例如排除法、代入法、特殊值法等。大题，我一般会先在草稿纸上分析出解题思路，然后再在答题纸上写出过程和答案。还有，就是解题的步骤一定要尽量详细、完善。

张毅　清华大学　数学科学系　2019级本科生（高考数学满分）

数学填空题和数学应用题的应对方式大抵相同，都要耐下心来，一步一步去做。尤其是填空题，更得细心，因为填空题没有过程分。对于，选择题，有很多巧妙的方法可以解决，比如代入法、排除法等。熟练地掌握这些方法，选择题做起来就能又快又对。对于压轴题，要找到条件和结论之间的台阶，一步一步推算。压轴大题比其他题难的原因在于，它不会给你搭很多台阶，这就需要你对中等难度的题足够熟练，看到题目条件，能迅速反应该怎么运用知识。

张晓彤　北京大学　国家发展研究院　2018级本科生
（高考数学149分）

代数方面的题目更加侧重考查的是大家对公式、定理的活用。几何方面的题目，则需要大家多加观察，明确已知的条件，利用逻辑，严谨推导，得出最后结论。

> 锦囊3
> 个人解题心得

李王子博　清华大学　工程物理系　2019级本科生（高考数学满分）

在读题的过程中，建议大家将关键信息标注出来，比如"至少""至多""最小值""最大值"，这些词语很容易引起错误。还有一些其他已知条件，都可以标注出来帮助答题。如果题目中含有图像，可以将条件标注在图上，方便解题。读题过程中，我建议大家不只是读题，而要在读题的同时，就开始思考这道题的解法：什么方法可以用到这类题上面，是否遇到过同类型的题，等等。这样能够提高解题的效率。如果不能在同一时间内做到既读题又思考解题方法，也可以先仔细读题，再认真思考。

王宇　北京大学　法学院　2015 级本科生、2019 级硕士生（高考数学满分）

遇到数学难题，我通常的做法是先自己尝试去分析，然后把这些难题整理到我的错题本上。我会把解题过程写上去，把过程里面关键性的步骤标记出来。以后，再遇到类似的题目或者题型就知道该怎么做了。

张毅　清华大学　数学科学系　2019 级本科生（高考数学满分）

要想保证做题的正确率，首先要学会审题，其次就是基础训练一定要做得足够多，基本功一定要足够扎实。遇到数学难题时，我一般会先自己思考，尝试去解决它，实在不能解决，就去看其他人是怎样做的，积累别人做题的方法。久而久之，我也能够思考出一些比较难的数学题目了。

神思妙招

Tip 01

有时候有些题我们怎么都解不出来,但一看答案,瞬间就明白该怎么做了,这就是欠缺解题技巧的缘故。

Tip 02

解数学题需要仔细地读题。读题,是解题的一个重要环节。

Tip 03

平时养成良好的解题习惯,考试时才能从容应对,不慌乱。

Tip 04

数学考试拿高分的关键,在于细心。

Tip 05

平时要培养一定的数学常识。如果你得出的答案很奇怪,可能是哪里出问题了。

Tip 06

虽然填空题分值不高,但更得细心地去做。因为,填空题没有过程分。

Tip 07

要保证做题正确率,需要做到两点:第一是要学会审题,第二就是自己的基础训练一定要做得足够多,基本功一定要足够扎实。

Tip 08

日常还是要进行一些难题的训练。这样既可以训练思维,也可以为考试中遇到难题做好准备。

第三部分　提升

数学解题技巧

汲取清华北大状元经验
反思自我数学学习现状
优化数学学习方法习惯
提升数学学习效率成绩

第一步:反思·我的数学解题

根据你在数学解题技巧方面的实情,结合状元们的分享,回答下列问题。

序号	问题	回答
1	你觉得自己目前的数学成绩如何?你认为造成自己数学成绩如此的主要原因有哪些?	
2	比较状元们的解题方法与技巧,你觉得自己在哪些方面需要改进和提升?	
3	哪些题型(填空/选择/简答/应用/大题)是你的弱项?如何提升自己在弱项上的解题能力?	
4	怎么评价你平时的做题习惯?关于养成良好的数学做题习惯方面,你下一步有什么打算?	
5	你在做题方面,属于细心还是粗心?如何提升自己做题的正确率?	
6	日常学习中,遇到的数学难题多吗?下一步是否有针对数学难题的专项训练计划?	

第二步：提高·数学解题技巧提升计划

根据下表的提示内容，结合自身情况，制订符合自己实际情况的数学解题技巧提升计划。

序号	主项	子项	当前情况	提升计划
1	解题习惯	审题技巧		
2		读题能力		
3		条件查找		
4		推导演算		
5		试题书写		
6		草稿纸		
7		答案验算		

（续）

序号	主项	子项	当前情况	提升计划
8	题型解法	填空题解法		
9		选择题解法		
10		简答计算题解法		
11		大题（压轴）题解法		
12	专项训练	公式定理		
13		计算能力		
14		答案验算		
15		难题攻关		
16		马虎粗心		
17		解题正确率		
18		难题本（错题本）		

第三周　第四天

数学提分策略

分分分,学生的命根;考考考,老师的法宝。数学学科的学习过程,就是形形色色的考试过程。考试,不仅是测验我们对平日所学知识掌握程度的试金石,更是当前中高考选拔人才的重要手段。怎样才能提高数学成绩,如何才能在考试中获取高分,是每位中小学生都很关切的问题。

第一部分　课前准备

自我检查 | 发现问题 | 自我反省

自测：我的数学考试

根据下列说法，选择符合你情况的选项。

序号	内 容	选项
1	你的数学成绩在班级内属于： A. 优秀。　　　B. 良好。 C. 中等。　　　D. 靠后。	
2	最近几次数学考试，你得过满分吗？ A. 经常。　　　B. 偶尔。　　　C. 从来没有。	
3	数学学习中，你会复习、预习、认真听讲、认真作业吗？ A. 会。　　　B. 不一定。	
4	你的数学老师对你印象如何？ A. 他（她）对我印象很好。 B. 他（她）对我印象一般。 C. 他（她）对我印象不好。	
5	每次数学考试，你清楚要考哪些内容（考点）吗？ A. 清楚，老师会讲。 B. 不清楚。	
6	遇到不会的数学题，你通常会： A. 直接看答案。　　B. 问老师或同学。 C. 随手放一边。	

（续）

序号	内 容	选项
7	每次数学考试前，你的心情怎样？ A. 心里没底，无比紧张。 B. 盼望考试，有点小兴奋，略带紧张。 C. 准备充分，平静坦然。 D. 没感觉，内心麻木。	
8	你对自己数学成绩的评价是： A. 稳定优秀型。　　B. 波动起伏型。 C. 稳定中下型。	
9	如果克服粗心马虎，你的数学总分能提高： A. 20分以上。　　B. 10分以上。　　C. 5~10分。	
10	你觉得自己的数学基础如何？ A. 优秀。　　B. 良好。 C. 一般。　　D. 较差。	
11	数学的公式、定理等需要灵活应用，你的情况如何？ A. 熟练。　　B. 一般。　　C. 较差。	
12	每次数学考试结束后，你会对试卷进行分析吗？ A. 会。　　B. 不会。	

自评：我看我的数学成绩

根据你的实际情况，对下表所列各项，进行自我评分（满分为 10 分）。

序号	自测项目	具体说明	个人评分（1~10分）
1	考试成绩	对自己每次数学考试成绩的满意度	
2	考前复习	评价自己每次考试前的复习情况	
3	考前心态	对自我临考前心情状况的自我评价	
4	考前准备	考试用品、考前作息等方面的准备情况	
5	考试习惯	填写姓名、浏览试卷，答题顺序、草稿纸、做题顺序、卷面整洁度等	
6	考试总结	失分题型、失分原因、专项强化	

（续）

序号	自测项目	具体说明	个人评分（1~10分）
7	课堂听讲习惯	听讲质量、注意力、理解力、课堂笔记等	
8	数学作业习惯	自主完成、细心认真、高效、正确率	
9	数学做题习惯	细心、审题、思考、总结、归纳	
10	数学做题量	基础题、提高题、难题的比例与做题数量	
11	数学解题技巧	数学知识点、原理、公式等掌握的熟练情况；不同题型解题技巧的掌握程度等	

第二部分　正课

按照本教材指定地址
学习本章节视频课程

状元录

收看视频课"第18课:数学提分策略",完成下表。

状元分享要点	我的收获

状元锦囊

锦囊 1
小学时期数学科目的提分策略

李王子博　清华大学　工程物理系　2019 级本科生（高考数学满分）

　　关于小学数学，我认为考出高分的关键是在课上认真听讲，并且所有作业都自主完成，遇到不会的题，一定要及时向老师或者同学请教。我认为，学好小学数学非常简单，只要跟着老师的进度走，把作业保质保量地完成，再加以适当的课外训练（如奥数），就可以在小学数学考试中轻松取得好成绩，并且为初中、高中的数学打下基础。

王宇　北京大学　法学院　2015 级本科生、2019 级硕士生
　　　（高考数学满分）

　　我在读小学和初中时，数学成绩就非常好。保证好成绩的诀窍就是：每次的数学作业我都是第一个完成的，只要有不会解的题或掌握不扎实的知识点，我就会和老师及时沟通。

张毅　清华大学　数学科学系　2019 级本科生（高考数学满分）

　　我在小学和初中时的数学成绩一直都挺好的，经常都能拿满分。我保持好成绩的秘诀就是，多问问自己"凭什么"。每次考完试，

我一般想的都不是自己考了多少分，而是自己凭什么考这么多分，要是换一套题，我还能考这么多分吗？这样一来，我就很快意识到自己其实不够努力。这次考好了，或许只是碰巧，所以，我一般不会再去关注自己考了多少分，而是去关注自己还有哪些东西没有做好。

> 锦囊 2
> 初中数学的提分策略

李王子博　清华大学　工程物理系　2019 级本科生（高考数学满分）

　　对于初中数学，我认为保持高分的关键是：我会在学习新知识前进行预习，并在课后及时地复习知识，再加以一定量的做题训练。初中开始，数学慢慢有了难度，这时候需要进行一定的预习和复习工作，并且要开始"刷题"。预习，可以让我们对知识有一个初步了解；复习，可以让知识在我们脑海中留下更深刻的印象，这样做起题来，会高效很多。此时再通过"刷题"，不仅可以训练自己的数学解题能力，还能训练自己的思维。当然，"刷题"的量，不宜过多，在空闲时间做适合自己水平的习题即可。

王宇　北京大学　法学院　2015 级本科生、2019 级硕士生
　　　（高考数学满分）

　　数学考试要想拿高分，必须要足够细心，平时要养成总结数学解题方法的习惯。我每次写完作业或者考试之后，都会总结其中遇到的新的解题方法。我会分析为什么这样的题目要用这样的方法来

解答，并把数学题和数学解题方法进行匹配。这样，到了考试的时候，我拿到试卷看到题目，就知道要用什么样的方法进行答题了。

张晓彤　北京大学　国家发展研究院　2018 级本科生
（高考数学 149 分）

数学考试的大部分内容不需要天赋，只需要努力就可以完美掌握。我会把题目分成三类：第一类是可以做对并且做对了的，第二类是可以做对但没有做对的，第三类是自己完全不会的。

其实，我们遇到第三类题目的机会非常少，100 分的卷子可能只有 10 分左右是这类题目。我会检查自己在能拿到的分数里，有多少分没有拿到，之后分析到底是什么原因所致——是没时间做，还是不认真读题，或者没用心计算。

┌ 锦囊 3
　数学成绩波动的应对方法

李王子博　清华大学　工程物理系　2019 级本科生（高考数学满分）

在初中时，我曾有过一段时间数学成绩有所下滑。总结原因后发现，是因为自己在取得好成绩之后，学习状态有些飘忽不定，老爱犯粗心的毛病。于是，在之后的学习中，我在课上更加认真地听讲，更加认真地完成作业，踏踏实实地学习，不再认为自己学好了就可以稍微放松一些，而是时刻保持认真，并且在考试时静下心来答题。后来，成绩又提升了。

张晓彤　北京大学　国家发展研究院　2018 级本科生（高考数学 149 分）

以前，我老是说自己是因为粗心才做错题目。直到后来，我才明白：考试的时候，对就是对，错就是错。错了，就好好找方法解决。如果你老觉得自己可以做对，只是因为马虎才做错了，这样的想法或借口是永远不会让你的数学成绩有很大进步的。

> 锦囊 4
> 数学学科的考试技巧

李王子博　清华大学　工程物理系　2019 级本科生（高考数学满分）

考试时要想取得好成绩，首先需要在考试的时候，保持精力充沛，不能昏昏欲睡地去考试，这样或多或少会影响考试的状态。其次，需要注意解答各种题型的技巧与考试策略。要注意先易后难，不能在一道题停留太多时间，不要被难题影响心态等。做好这些，数学成绩不会太差。

张毅　清华大学　数学科学系　2019 级本科生（高考数学满分）

考试时，我会把一张试卷分个三六九等，哪些题是简单题、中档题，是我必须要做对的。我一般都会先做这部分题目，直接跳过其他题目。等确保这部分题做好之后，卷面分的 90% 我都得到了。这时，我觉得即使不用做难题都可以得高分了，心情就会很轻松。这种状态下再去看那些难题时，我的思路会更加开阔，解出这些难题的概率也会更大。

神思妙招

Tip 01

小学数学非常简单，只要跟着老师的进度走，作业保质保量地完成，加以适当的课外训练（如奥数），就可以轻松取得好成绩。

Tip 02

初中数学保持高分的关键是，在学习新知识之前进行预习，并在课后及时复习，再辅以一定量题目的训练。

Tip 03

数学成绩的好坏取决于平时对待这门科目的认真程度，包括课上和课后。

Tip 04

平时大量地做题，会对考试有一定帮助。通过题目训练，可以填补自己的漏洞，掌握一些解题技巧，还能培养你的数学题感。

Tip 05

但凡有不会解的题或没有完全掌握的知识点，应当及时和老师沟通。

Tip 06

每次写完作业或者考试之后，我都会总结其中遇到的新的解题方法。会分析为什么这样的题目要用这样的方法来解答，并把题目和解题方法进行匹配。这样，到了考试的时候，我拿到试卷看到题目，就知道要用什么样的方法进行答题了。

Tip 07

考试是有考点的，我们平时选做的题目应当与考点相挂钩。

Tip 08

数学考试要想考出好成绩，其实心态最重要。

Tip 09

每一道题都要严格按照规定时间完成。否则，考试时，即使是你会做的题目，也会因为时间不够，拿不到高分。

Tip 10

数学是一门很基础的学科。它的大部分内容不需要天赋，只需要努力就可以完美掌握。

第三部分　提升

汲取清华北大状元经验
反思自我数学学习现状
优化数学学习方法习惯
提升数学学习效率成绩

第一步：反思·我的考试策略

根据你平时数学考试情况，结合状元们的分享，反思自身存在的问题。

序号	内　容	反　思
1	每次数学考试时，你是否存在低级失误问题？有哪些低级失误？你怎么看待这些低级失误？	
2	考试中，你存在粗心马虎的情况吗？你怎么看待自己的粗心马虎？打算怎么克服？	
3	做题量的多少与考试成绩有一定关系。你平时做数学题多吗？会做哪方面的题？这些题对你的考试成绩有帮助吗？	
4	如果把考试题分为：基础题、中等题和难题，你在基础题、中等题上的得分情况如何？难题的得分情况如何？你觉得造成这种情况的原因是什么？	
5	你平时做题认真吗？做完一道题后，你会思考一下，这道题是否还有其他的解法吗？	

(续)

序号	内 容	反 思
6	平时，你对自己在做题方面有时间要求吗？（比如计时，要求自己在限定的时间内完成一定的题量。）	
7	预习、听讲、作业、复习，这些数学学习习惯，你平时保持得怎样？下一步有什么打算？	
8	在考试方面，你觉得自己在哪些方面存在弱点？接下来，打算做哪些方面的补强工作？	
9	数学是思维的练习，你现在是否在校外进行数学补习？补习的内容是什么？你觉得补习对提高你的数学成绩是否有效？	
10	课堂笔记、错题本、难题本、积累本等都是较好的数学学习工具，你在这些工具方面的使用情况如何？	

第二步:提升·我的数学提分策略

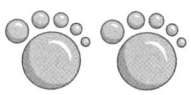

根据状元们的分享,结合自身情况,按照下表的提示,制订你的数学提分计划。

序号	大项	子项	当前状况	提升计划
1	平时训练	课前预习		
2		课堂听讲		
3		课后作业		
4		复习归纳		
5		做题量		
6		做题效率		
7	考试策略	考前复习		
8		预览试题		
9		策略01:先易后难		
10		策略02:不同题型解法(选择/填空/解答/应用)		

(续)

序号	大项	子项	当前状况	提升计划
11	考试策略	策略03：难题解法		
12		策略04：草稿纸的使用		
13		考完验算检查		
14	试后总结	考试后的总结		
15		错题订正（专项训练）		
16	思维拓展	课外辅导（奥数）		
17		超前学习（阅读书籍）		

第三周　第五天

数学兴趣培养

兴趣是最好的老师。对数学来讲，更是如此。只有当你真正地喜欢上数学，才能更好地去学习这门课程。本章节，我们邀请清华、北大的状元们为大家分享：他们对数学的兴趣从何而来？数学兴趣的培养对学好数学有何价值？怎样才能培养一个人从小就对数学产生浓厚的兴趣？

第一部分　课前准备

自我检查 | 发现问题 | 自我反省

自测：我对数学的兴趣如何

根据下表描述的内容，选择与你实际情况相符的在"是"栏打"√"，不符的在"否"栏打"√"。

序号	内　容	是	否
1	在你的书柜里，有多本关于数学方面的书籍。		
2	你日常喜欢玩一些关于数学思维方面的游戏，如数独等。		
3	你喜欢钻研一些数学难题，每次做出一道难题，心里特别开心。		
4	你对数学历史、公式定理背后的人物故事，很有研究。		
5	你喜欢背诵数学的公式、定理，并且能很容易记住它们。		
6	学习空闲的时候，你喜欢解数学题来消磨时间。		
7	你对数字敏感，即便是一些没有联系的数字，你都能用自己的方法快速记住。		
8	你在数学知识方面，比同龄孩子了解得更多。		

（续）

序号	内 容	是	否
9	数学考试在你看来是小菜一碟，每次你的考试成绩都不错。		
10	在你父母或亲戚朋友中，有一些擅长数学的人，他常和你讲数学故事。		
11	你很早就知道学好数学非常重要。		
12	你参加过数学方面的比赛，并在比赛中取得过较好的成绩。		
13	你在参加课外辅导班（如奥数）后，越来越喜欢数学。		
14	曾经因为解一道数学难题，你忘记了时间。		
15	周围人都夸你是个数学高手。		

自测：我对数学知多少

根据你平时在数学知识方面的积累，填写下表。

序号	问　题	答　案
1	看到"1+2+3+…+100"，你会想到哪位数学家？	
2	看到"黄金分割"，你会想到哪个数字？	
3	阿拉伯数字是哪国人发明的？	
4	$e^{i\pi}+1=0$，这是什么公式？	
5	勾股定理（$a^2+b^2=c^2$），在西方又被称做什么定理？	

(续)

序号	问 题	答 案
6	写出你知道的3位中国数学家的名字?	
7	写出你知道的3位外国数学家的名字?	
8	写出1~2本你最喜欢的数学书籍。	
9	写出1~2个你最常使用的数学公式。	
10	简要写出1~2个你印象最深的数学故事。	

第二部分　正课

数学兴趣培养

按照本教材指定地址
学习本章节视频课程

状元录

收看视频课"第19课:数学兴趣培养",完成下表。

状元分享要点	我的收获
状元分享要点	我的收获

状元锦囊

「锦囊1
数学兴趣从何开始

李王子博　清华大学　工程物理系　2019级本科生（高考数学满分）

我从小就对数学有浓厚兴趣。起初，我喜欢通过自己的计算，解决一些实际问题。在所学的知识渐渐复杂之后，我喜欢那些存在于几何图形中的奥秘，喜欢各个方程还未被完成求解时那未知的美，我还非常享受求解一个问题时的思考过程。将一道比较困难的问题解决了，心中会产生莫名的成就感。

王宇　北京大学　法学院　2015级本科生、2019级硕士生
　　　（高考数学满分）

在我还没有开始上学的时候，妈妈就经常利用扑克牌对我进行数字练习。所以，我从小就对数字特别感兴趣，也比较敏感。可能是天生的原因吧，就觉得数学是所有学科里面最有意思、最能让我产生兴趣的学科。

张晓彤　北京大学　国家发展研究院　2018级本科生
　　　（高考数学149分）

数学，对我来说具有理性的美，以及秩序和规则的美丽。当我将数学看作一种理性解决问题的方式、一种理性思考问题的方法后，我觉得数学给我的感觉好极了。正是因为如此，我从小学起就很喜欢数学这门课。

> 锦囊 2
> 数学兴趣如何培养

李王子博　清华大学　工程物理系　2019 级本科生（高考数学满分）

要培养对数学的兴趣，我觉得首先要从自己的内心、态度上做出改变。不管外在事物如何，如果内心排斥数学、对数学有畏难情绪，是无法培养起对数学的兴趣的。敞开怀抱、准备拥抱数学之后，我认为就可以更多地了解一下数学的好，了解一下数学的发展历史，了解一些有趣的数学故事，或者了解数学在生活中的各种应用。通过这些，能改变我们对数学的刻板印象，并进一步为培养兴趣做准备。

王宇　北京大学　法学院　2015 级本科生、2019 级硕士生（高考数学满分）

关于小学和初中阶段的数学兴趣培养，我建议：首先，要培养孩子在数学这门功课上的成就感，让孩子觉得"我是可以学好数学的"，有信心学好数学才有可能对数学产生兴趣。其次，可以带孩子去参与一些数学游戏，去发现大自然和生活中隐藏的数学知识，发现数学的趣味性，这也有利于培养孩子的兴趣。有条件的话，找一名数学教学趣味性强的老师，带着孩子一起学习，也是不错的选择。

张毅　清华大学　数学科学系　2019级本科生（高考数学满分）

要培养对数学的兴趣，不妨多去看看数学的应用。比如说，"将军饮马"问题、"八皇后"问题、"田忌赛马"问题等。了解数学在这些有趣现实中的运用，会培养你对数学学习的兴趣。

神思妙招

Tip 01

只有当你真正地喜欢上数学后,你才能够更好地去学习数学。

Tip 02

我们对数学没有兴趣的原因大多是觉得数学太难。不少人认为数学的难度较大,无法取得较好的成绩,因此丧失了通过学习来提高成绩的信心,也就失去了对数学的兴趣。

Tip 03

要培养孩子在数学这门功课上的成就感。有信心学好数学,才可能对数学产生兴趣。

Tip 04

对数学没有兴趣,最大的原因是无法理解数学的作用,觉得数学是一个虚无缥缈的学科。学习数学的人似乎一天到晚都是和一堆无聊的数字、字母、符号打交道。

Tip 05

语文具有感性的美,以及情感与思想的美。而数学具有理性的美,以及秩序和规则的美。

Tip 06

当学生对数学产生厌倦情绪时,可以与老师交流。请老师多给些引导,帮助孩子解除心结,渐渐培养起对数学的兴趣。

第三部分 提升

数学兴趣培养

汲取清华北大状元经验
反思自我数学学习现状
优化数学学习方法习惯
提升数学学习效率成绩

第一步：反思·我的数学兴趣

根据你平时的数学学习情况，结合状元们的分享，反思自身问题。

序号	内　容	个人反思
1	你目前就读几年级？	
2	你的数学学习成绩在班级的排名如何？	
3	你觉得自己对数学学习感兴趣吗？	
4	你是否因为成绩不佳而对数学失去过兴趣？	
5	你是否因为数学题太难而对数学失去过兴趣？	
6	你是否因为讨厌老师而影响过对数学的兴趣？	
7	你是否认同"兴趣是学好数学的重要前提"？	

(续)

序号	内容	个人反思
8	除了上述原因,你觉得还有哪些因素影响你对数学的兴趣?	
9	你是否坚信"数学不难,我可以学好数学"?	
10	除了课堂学习,你有通过参加数学兴趣小组等团体活动,来提升自己对数学学习的兴趣吗?	
11	数学的兴趣培养,提倡学以致用。平时,你会用数学知识来思考或解决日常生活中的数学问题吗?	
12	数学的兴趣培养,需懂得求助,以解决难题,克服恐惧。你会经常向老师、同学请教不会的数学题吗?	

第二步：提升·我的数学兴趣培养（升级）计划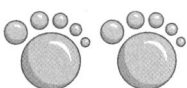

根据下表提示，结合自身所处年级以及学习情况，制订个人数学兴趣提升计划。

所处年级	□ 小学　□ 初中 □ 其他	当前数学成绩	□ 优　□ 良 □ 中　□ 差
兴趣培养目的	□ 提高成绩　□ 长远发展	目前学习兴趣	□ 高　□ 中 □ 低
提高成绩	第一步：养成良好的学习习惯（预习、复习、听课、作业） 第二步：查缺补漏（针对弱项进行专项补习、大量刷题） 第三步：提升做题能力 　　　　（审题、答题、推导、书写等环节要注意细心、严谨） 第四步：提高考试能力（解题能力、解题技巧、考试技巧等） 第五步：建立数学自信 　　　　（制订成绩提升计划，通过成绩提高建立自信） 第六步：自我暗示（调整心态＋外界鼓励：我一定可以学好数学）		
长远发展	□ 阅读经典：数学经典、数学历史、数学名人传记 □ 课外实践：利用数学知识解决社会问题的能力 □ 兴趣班：参加奥数班或数学课外辅导班 □ 影视作品：观看数学主题的电影或纪录片 □ 数学竞赛：参加数学类比赛，提高数学能力 □ 数学游戏：扑克牌、数独等益智游戏		
家长参与	□ 家长的支持、鼓励：可以在语言行为上积极暗示"孩子的数学可以学好" □ 家长的坚持：陪伴孩子一起学数学 □ 家校合作：家长要常与数学老师联系，了解孩子在校数学学习情况		

第三周　第六天
数学难题与竞赛

　　数学题目的难度,源于它的综合性及形式的变化多样。难题,虽然在考试中所占的比例较小,但却是每位学生之间拉开差距的关键之处。竞赛,就是解决数学难题的比赛。参加竞赛,能够训练数学思维。除此之外,近年来,高校在人才选拔方面,对竞赛优秀选手更加重视。在全国数学竞赛中取得好成绩的学生,多数会得到高校的青睐,甚至拿到保送资格。

第一部分　课前准备

自我检查 | 发现问题 | 自我反省

认知测评：我这样看数学难题

针对下列关于数学难题的说法，表达你的态度（在"同意"或"反对"栏打"√"）。

序号	说　法	同意	反对
1	难题是给成绩好的学生准备的，普通学生不需要太在意。		
2	我喜欢做难题，因为解出来之后，有很大的成就感。		
3	难题不可怕，只要平时认真学，多做题，难题也能解出来。		
4	难题，考查的是数学思维，思维开拓了，难题也就没那么难了。		
5	平时学点奥数，对解决难题和拓展数学思维有帮助。		
6	遇到难题就慌，说明你不适合做难题，最好不要碰。		

（续）

序号	说　法	同意	反对
7	考试时，先做简单的题，最后再去攻难题。否则，容易因小失大。		
8	考试时，尽量不要留空白。难题再难，也要写一些你的想法。这些难题大题，都是按照步骤给分的。		
9	多问，多寻求帮助，也是解决数学难题的一个途径。		
10	首先要有战胜难题的勇气。还没做就认输，是做难题的大忌。		
11	难题是相对的。有人能解出来，有人却解不出来。难题反映的是我们在数学上的学习能力和解决问题的能力。		

学习检视：我的难题解题能力

根据实际情况，选择符合你的选项。

序号	内　容	选　项			
1	目前，你在数学方面遇到的难题多吗？ A. 很多。　　　　　　B. 有一些。 C. 很少。　　　　　　D. 没有。	A	B	C	D
2	遇到数学难题，你通常的做法是： A. 圈出来，问老师同学。 B. 独立求解，哪怕睡觉再晚也要做出来。 C. 先尝试自己解，解不出来求助他人。 D. 很少遇到难题。	A	B	C	D
3	你觉得自己在难题解答方面属于： A. 擅长型。　　　　　B. 一般型。 C. 不擅长型。　　　　D. 厌恶型。	A	B	C	D
4	平时，你会专门找一些难题做练习吗？ A. 不会。　　　　　　B. 会。	A		B	
5	你认为在你们当前的数学考试中，难题比例占到多少？ A. 20%。　　　　　　B. 10%。 C. 5%。　　　　　　　D. 没有。	A	B	C	D
6	考试时遇到难题，你一般会怎么处理？ A. 直接跳过，先做简单题，最后再做难题。 B. 不轻易放过，但如果耗时过多，会跳过，过后再来解答。 C. 不放过，一定要做出来。 D. 难题直接过，先把自己会的题做好，难题做不做看时间情况。	A	B	C	D

（续）

序号	内容	选项			
7	你怎么看待数学的课外辅导班（奥数班）？ A. 挺好，可以增强自己的数学能力。 B. 不建议，好好学习多做题，也能取得好成绩。 C. 现在作业多，没时间参加。 D. 我正在学，对我的数学成绩提升有帮助。	A	B	C	D
8	你认为出现难题的原因是： A. 上课没听懂，下课不去问。 B. 课后做题少，见识少。 C. 对知识点掌握不牢。 D. 平时积累少。	A	B	C	D
9	你的数学做题量，与同龄人相比： A. 多得多。 B. 多一些。 C. 基本相当。 D. 较少。	A	B	C	D
10	你觉得数学难题会打击你学习数学的兴趣（积极性）吗？ A. 会。 B. 不会。	A		B	

第二部分　正课

数学难题与竞赛

按照本教材指定地址
学习本章节视频课程

状元录

收看视频课"第 20 课:数学难题与竞赛",完成下表。

状元分享要点	我的收获

状元锦囊

锦囊 1
哪些题属于数学难题

李王子博　清华大学　工程物理系　2019 级本科生（高考数学满分）

数学是一门通过逻辑化的思维来严谨地解决问题的学科。将复杂的问题通过数字、方程解决，也就是将复杂的东西简单化。这个过程，本身是有一定难度的。就数学题目而言，题目的难度源于它的综合性以及形式的多样化。要解决一个问题，我们首先要了解一定的条件。如果题目设置得难一点，不直接告诉我们条件，而是让我们通过解决另外一些问题来获得这个条件，那么这个解决的过程是有难度的。因此，题目的难度就上升了不少。

王宇　北京大学　法学院　2015 级本科生、2019 级硕士生（高考数学满分）

数学的难题，大多数都是难在对知识的综合性运用上。之所以大家觉得难，是因为大家没有将知识联系起来。因此，大家学了新知识，也不要忘记了旧知识，要经常"温故而知新"，去寻找新旧知识之间的关联。平时，多做一些综合性强的数学题，培养自己的难题思维。

张毅　清华大学　数学科学系　2019 级本科生（高考数学满分）

　　有些学生认为题目难、数学难，主要是因为大家对于"难"这个概念没有一个合适的定义。其实，你想把任何一个专业学透、学精了都很难。比如说，数学的难可能是需要你具备强大的逻辑思维和运用方法技巧的能力；物理的难在于识图以及搭建抽象数学模型的能力；甚至大多数人觉得比较容易的人文社科类科目也有自己的难点。只要自己用心，努力去学，一切都不会难。

锦囊 2
数学难题如何攻克

李王子博　清华大学　工程物理系　2019 级本科生（高考数学满分）

　　难题是能够被攻克的。要想在考试中从容应对难题，最重要的是平时的积累与训练。我们需要在平时做比较难的题目时，积累一些巧妙的方法和解决难题的思路；另外，平时也要多做题，训练题感。考试时，我会先对难题进行类型确定，联系该类型题延伸的解题技巧、方法，通过脑海中的反复搜索，再结合仔细读题，最后找到解决问题的途径。如果难题实在无法解决，我会将我所能想到的写在试卷上，这样，也能得到一定的分数。

王宇　北京大学　法学院　2015级本科生、2019级硕士生
（高考数学满分）

遇到难题，首先要有耐心，要冷静。然后尝试去分析、演算或者做辅助线。有的时候，无意间也能够发现做题思路，这依赖于平时的多做多练。平日里，要多做一些综合性强的数学题，培养自己解决难题的思维。

张毅　清华大学　数学科学系　2019级本科生（高考数学满分）

我在面对难题的时候，一般都会先独立思考，尝试自己去解决。实在做不出来，我就会去参考别人的做法。把别人的方法积累下来，内化成自己的方法。这样，以后再遇到难题时，我就有了一个新的思路。

张晓彤　北京大学　国家发展研究院　2018级本科生
（高考数学149分）

大家听到"难题"这个词，往往就会把它和数学联系在一起。实际上，从一开始接触数学，也就是小学时，我也觉得数学是难度很大的一门科目。尤其是每次作业、习题册上面的补充题、附加题，那些老师不要求我们大家必须要做的题目，对于小学时的我来说，大都是很难、很复杂的。直到有一次，遇到一道解方程的题，因为它十分有趣的题目背景吸引了我，我努力了半个小时，终于做了出来，那个时候的成就感，真是难以言表。这件事让我发现，所

谓的附加题，其实并没有难得做不出来。从那之后，我开始慢慢研究每次作业的附加题，数学思维日益开阔。

> 话题 3
> 如何看待数学竞赛

李王子博　清华大学　工程物理系　2019 级本科生（高考数学分）

我在高中阶段参加过市里组织的数学竞赛，获得了一等奖。我觉得参加此类比赛，更多的是对自己能力的训练，能够训练数学思维，能为难题的解决做好准备。关于竞赛，如果能够在全国数学竞赛中取得好成绩，会得到高校的青睐。如果能够获得奖牌，或许会获得名校保送的名额，但这些都是极少数。对于中小学生来说，参加一些数学竞赛的训练是有好处的。但我们不能用一种功利的眼光来看待它，如果没有很好的天赋，要想在竞赛中取得好成绩是非常困难的。对于大多数学生来说，应该以课内知识为主，以竞赛为辅，以此来帮助我们的数学学习。

王宇　北京大学　法学院　2015 级本科生、2019 级硕士生（高考数学满分）

我小学和初中时没有学习过奥数，高三的时候才开始学习奥数，获得了河南省数学联赛三等奖，为我参加清华大学的领军计划提供了很大的帮助。我觉得经历了奥数竞赛后，再来学课内的数学知识，就会觉得课内的知识好简单。奥数对数学思维能力要求很高，学完奥数之后，数学思维能够得到很好的训练，对学习课内的数学知识也有很大帮助。

张毅　清华大学　数学科学系2019级本科生（高考数学满分）

我小学时候学过奥数，当时做了很多奥数题。我觉得，奥数让我掌握了很多快速计算的方法，使我在以后的学习中非常受益，除此之外，我的思路也得到了开拓，想象力也更加丰富，这些益处是我在往后的学习生活中享受不完的。遗憾的是，我没有参加过数学竞赛。但我很多大学同学都参加过数学竞赛，获得过奖项。在中小学阶段，由于学习的知识还比较简单，因此，花些时间去学习数学竞赛，对于拓宽自己的数学视野以及解难题来说，其实是非常有意义的。

神思妙招

Tip 01

我更喜欢做难题,在我看来,这是拉开与同学间考试成绩差距的关键之处。

Tip 02

在考试当中,我会在确保其他题目有把握的前提下,全力攻克难题,不会因题难而放弃。

Tip 03

考试中,难题所占的比例很小。简单题和中等题约占整张试卷的 70%~80%,难题只有 20%。现在数学考试的趋势偏向于简单,"难题"变得不再那么难了。

Tip 04

只要自己用心、努力地去学,一切都不会难。

Tip 05

做事是要循序渐进的,做数学题也一样。我们不要一开始,就逃避那些看起来自己不会做的题。逃避是不能解决问题的。

Tip 06

数学的难题,很多都是考查对知识的综合性运用。之所以大家觉得难,是因为大家没有将各个知识联系起来。

Tip 07

如果难题实在无法解决,我会将我想到的都写在试卷上,这样,也能得到一定的分数。

Tip 08

奥数是拓展我们思维的一个很好的方式。奥数知识的积累,有利于我们数学的学习。如果学得好,能在一些比赛中取得好成绩,对以后晋升大学,也有一定帮助。

第三部分　提升

数学难题与竞赛

汲取清华北大状元经验
反思自我数学学习现状
优化数学学习方法习惯
提升数学学习效率成绩

第一步：反思·我与数学难题

根据平时的数学学习情况，结合状元们的分享，回答下列问题。

序号	问　题	回　答
1	在本学期所学的数学知识中，哪些内容对你来讲比较难？难点在哪儿？	
2	你会对学习过的数学知识点进行梳理、归类、总结吗？这项工作，你是如何进行的？效果如何？	
3	你对自己最近的几次数学考试成绩满意吗？是否对这几次的考试试题进行过整体分析、难题分析？	
4	日常学习中，你会存在侥幸心理吗？比如，明知自己某些知识掌握得不好，却对自己说没事，考试不一定会考。	
5	目前，数学考试中遇到的难题问题，是否已经影响到了你学习数学的勇气、兴趣或积极性？如果是，你下一步打算怎样克服？	

(续)

序号	问题	回答
6	某些数学题之所以对你来讲很难,你认为原因有哪些?	
7	你平时会向老师、同学、家长等请教数学难题吗?次数多吗?原因是什么?	
8	生活习惯即学习习惯。反思一下,有没有哪些不好的生活习惯影响了你对数学难题的解决?	
9	对于自己的数学成绩,有什么样的目标?要实现这个目标,需要在数学难题突破上做哪些准备?	
10	你平时在数学学习方面,花费的时间有多少?你觉得自己在数学上的投入是多还是少?下一步有什么调整计划?	

第二步:提升·数学难题专项计划

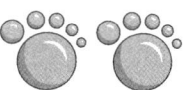

参照下表,结合自己的实际情况,制订你的数学难题能力提升计划。

序号	大项	子项	具体提升点	针对性提高计划
1		阶段性知识整理	• 知识点汇总 • 知识点串联 • 考点与习题	
2	补弱	难点、生疏点排查	• 基础知识(公式定理) • 知识难点 • 生疏知识点或曾经侥幸在考试中得分的知识点 • 试卷分析(主要看失分或难题)	
3		重点专项练习	• 错题本(难题本)使用 • 针对当前难点的课后加练	
4		生疏点专项补习	• 根据教材重新学习 • 请教老师同学	

（续）

序号	大项	子项	具体提升点	针对性提高计划
5		解题技巧训练	• 选择高质量教辅资料 • 不同题型多做多练 • 挑战思考题（难题） • 总结各类题型解法	
6	增强	解题思维拓展	• 参加校课外辅导或提高班 • 阅读数学解题方面书籍 • 尝试使用奥数等相对普通教辅难度更大的教辅	
7		数学兴趣培养	• 订阅数学类报纸杂志 • 阅读趣味数学书籍 • 阅读数学名人传记 • 用数学解决现实生活问题	

第三周 第七天

数学教辅资料与课外阅读推荐

精益求精：中小学阶段清北状元使用过哪些数学教辅资料

耳濡目染：中小学阶段清北状元阅读过哪些经典课外图书

状元推荐：数学教辅资料

李王子博　清华大学　工程物理系　2019 级本科生（高考数学满分）

小学阶段，我使用的教辅是《教材全解》。这本书紧扣教材，排版与课本基本一致，每章都有知识点、易错点分析，附带难度不等的练习题。我还使用过一本《小学奥数举一反三》，这是一本奥数资料，题目难度较大。当时用这本书，是因为自己基础较好，想通过难题提高解题能力。初中阶段，我使用过《5 年中考　3 年模拟》。这本书到高中我仍在用，高中阶段叫《5 年高考　3 年模拟》。初中阶段如果想要涉猎数学竞赛，可以选用《初中竞赛教程》，或高中教材当作课外资料（竞赛的许多内容在高中教材中均有所涉及）。

张毅　清华大学　数学科学系　2019 级本科生（高考数学满分）

我自己用的、比较受益的数学辅导教材就是《5 年中考　3 年模拟》。我觉得它的题型比较集中，适合我进行高密度地刷题。同时，里面有很多比较难、比较有意思的题目。每次思考那种题目，我都能够有新的收获。

状元推荐：数学阅读书目

书籍名称：《万物皆数》

（［法］米卡埃尔·洛奈　著）

适合年龄：中小学生

推 荐 人：李王子博（清华大学　工程物理系　2019级本科生）

推荐理由：这本书里面描绘了许多关于数学的历史、趣事等内容。它为读者展现了一个由数学构建的，严谨、迷人，充满艺术之美的世界。通过对这本书的阅读，你会接触到一个与课本知识不同的数学世界，它会改变你对数学的刻板印象，并且还能让读者在阅读故事的同时，学习一些数学知识。这对数学兴趣的培养，很有帮助。

书籍名称：《好玩的数学》

（谈详柏　著）

适合年龄：小学生

推 荐 人：李王子博（清华大学　工程物理系　2019级本科生）

推荐理由：这本书适合正在读小学阶段的学弟学妹们阅读，书籍设计也十分贴近小学生们的兴趣。书中用一些有趣的故事来传达数学知识，易于被小学生接受。阅读这本书,不仅可以放松身心获得知识,还可以提高对数学的兴趣,可谓一举两得。

资料名称:Heroes in My Heart

(UKim 著)

适合年龄: 中学生

推 荐 人: 张毅(清华大学数学科学系 2019 级本科生)

推荐理由: 这是 UKim 在北大未名 BBS 连载的 66 篇文章,讲述的是数学科学家的故事。里面有很多数学发展的历史,以及一些名人轶事。读完这本书,你就会觉得其实数学还是很有趣的,不像大家想得那么枯燥。

书籍名称:《几何原本》

([古希腊]欧几里得 著)

适合年龄: 中小学生

推 荐 人: 张毅(清华大学 数学科学系 2019 级本科生)

推荐理由: 这是一本比较古老的数学书,这本书写得比较偏向纯粹的数学风格,但讲述的内容却是十分基础的数学几何知识,是一本很容易上手的数学书。读完它,你可以深深地体会古典数学的魅力。

书籍名称:《无言的宇宙:隐藏在 24 个数学公式背后的故事》

([美]达纳·麦肯齐 著)

适合年龄: 中小学生

推 荐 人：张晓彤（北京大学　国家发展研究院　2018 级本科生）

推荐理由：这是一本我朋友作为生日礼物送给我的书。书中讲述的是人类历史上的 24 个美丽而伟大的公式背后的故事。从基本的 "1+1=2" 到揭示电磁现象的 "麦克斯韦方程"，从著名的 "$E=mc^2$" 到神秘的 "汉密尔顿的四元数方程"，清晰地解释了每一个方程的含义、谁（如何）发现了它，以及他们在人类发展史上和现实生活中发挥的巨大作用。这种科普读物对于数学兴趣的培养和素养的积累非常有好处，有兴趣的同学可以读一读。

书籍名称：《趣味物理学》《趣味代数学》

（［俄］雅科夫·伊西达洛维奇·别莱利曼　著）

适合年龄：中小学生

推 荐 人：张晓彤（北京大学　国家发展研究院　2018 级本科生）

推荐理由：这两本书是世界科普大师、趣味科学奠基人别莱利曼的代表作品，对全世界青少年的科学学习产生了深远影响的科普读物，曾入选世界十大科普读物。这两本书故事有趣，深入浅出，当时对读小学初中时的我影响深远。

FOLLOW THE EXAMPLE
状元学习法

学习习惯养成计划

30天优质学习素质养成

王 大 明 ◎ 编著
状元工坊 ◎ 组编

机械工业出版社
CHINA MACHINE PRESS

这是一套依据状元学习法来培养优质学习素质的训练课程，由习惯、语文、数学、英语四部分构成，共30节课，包括视频课程和训练手册。全书汇集十余位各科成绩优秀的清华、北大学子在学习习惯、学习方法、目标管理等方面的优秀经验做法，形成学习者可参照的学习课程；并通过30天主题课程训练计划，帮助学习者每天一个主题，每天一个训练，固化学习习惯，改进学习方法，提高学习效率，最终实现学习素质的综合提升。

本训练课程的最佳适用对象为：小学三年级至初中二年级的学生。小学一、二年级学生的家长也可提前介入，从而了解培养孩子学习习惯的重要性。高中生可直接跳过"习惯"，将"语文""数学""英语"三册状元的学习方法与自身学习进行比对，从而提高学习效率。

本训练课程亦适合教育培训行业的从业人员、教育研究人员、中小学校校长和老师，以及热爱教育事业的社会人士等人群使用。

图书在版编目（CIP）数据

状元学习法：学习习惯养成计划/王大明编著；

状元工坊组编. —北京：机械工业出版社，2020.11（2022.7重印）

ISBN 978-7-111-66875-6

Ⅰ.①状… Ⅱ.①王…②状… Ⅲ.①中小学生－学习方法 Ⅳ.①G632.46

中国版本图书馆CIP数据核字（2020）第221977号

机械工业出版社（北京市百万庄大街22号　邮政编码100037）
策划编辑：徐曙宁　责任编辑：徐曙宁　王　炎
责任校对：李亚娟　封面设计：吕凤英
责任印制：刘　媛
涿州市京南印刷厂印刷
2022年7月第1版第3次印刷
169mm×239mm·39印张·565千字
标准书号：ISBN 978-7-111-66875-6
　　　　　ISBN 978-7-88803-003-9（视频）
定价：299.00元

电话服务	网络服务
客服电话：010-88361066	机　工　官　网：www.cmpbook.com
010-88379833	机　工　官　博：weibo.com/cmp1952
010-68326294	金　书　网：www.golden-book.com
封底无防伪标均为盗版	机工教育服务网：www.cmpedu.com

第一周培养计划

习　　惯

良好的习惯，是成功的一半

好成绩源于好习惯

坚持三十天，习惯成自然

前 言

本训练计划由习惯、语文、数学和英语四部分构成,共30节课。

大家都明白要向优秀的人学习,但我们不仅需要知道,更需要的是做到!这是本计划之根本,也是价值所在。目前,市面上"状元学习法""状元笔记""状元成功秘籍"等相关出版物众多。此类书籍不是没有价值,也不是没有道理,但对大多数学生来讲,更多的只是看个热闹,在脑袋里填满更多"知识"罢了。

子曰:学而时习之。就是说,当你学习到一些新的知识、新的经验后,要时常加以练习、操演,通过实践,方能转化为自己可真正掌握的技能。

有没有一种方法,让孩子们先通过学习(学习北大、清华等学府中优秀学生的学习习惯、学习方法等),再经过反思自省,自我修正,每日训练,行为强化,从而形成一整套自己的优秀学习习惯和学习方法,最终蜕变得更加优秀呢?

《状元学习法——学习习惯养成计划》就是这样的一套训练工具。精挑十多名各科成绩优秀的清华、北大学子,借助他们在学习习惯、学习方法、目标管理等方面的优秀经验做法,形成学习者的学习参照课程;通过30天主题课程训练计划,帮助学习者每天一个主题,每天一个训练,固化学习习惯,提升学习方法,提高学习效率,最终实现学习素质的综合提升。

本训练计划的最佳适用对象为：小学三年级至初中二年级的学生。这个阶段的学生，学习习惯正在养成中，如果加以训练，学习效果提升最快。当然，小学一二年级的学生家长也可提前介入，从而了解培养孩子学习习惯的重要性，参照训练手册和视频课程，提前获知各科的学习规律，未雨绸缪，为将来指导孩子的学业发展做好准备。初三及高中阶段的学生此时可能更看重学习方法，本训练计划中涉及的语文、数学、英语三科的学习方法，可以拿来借鉴；清华、北大学子们各科的学习习惯，亦供大家参考。

本训练计划亦适合教育培训行业的从业人员、教育研究人员、中小学校校长和老师，以及热爱教育事业的社会人士等人群使用。作为以"知行合一"为理念的一种教育新尝试，书中提及的一些观点、做法等有不当之处，敬请大家批评、指正。

本训练计划配套的视频，拍摄、完成于2020年新冠肺炎疫情期间。因条件制约，时间有限，加上编著者力有不逮，书及视频难免有纰漏和错误之处，敬请海涵。

使用说明

设计理念

这是一套集学习习惯、学科学习、目标管理为一体的训练计划。通过自我检视、状元分享、自察改进、实践坚持等训练步骤，帮助学习者形成良好的学习习惯。

适用对象

最佳使用学龄段：小学三年级至初中二年级。次优使用学龄段：低学龄段（学前至小学二年级）家长自学、家长与孩子共同学习；高学龄段（初三至高中）可参照重点学习语文、数学、英语各科学习方法。

使用方法

本训练计划由训练手册和"30堂清华北大状元视频课"两部分构成。使用者请遵照30个主题中每章节的安排，依步骤认真完成各项训练。

家长参与

鼓励家长在孩子执行本训练计划时积极参与，可扮演参与者、见证者、观察者的角色。学习是坚持的过程，自制力薄弱的学生容易以作业多、事情多等为借口，半途而废。家长的参与和支持能够有效帮助孩子坚持下来并收获最大益处。

灵活性：30 天还是 30 周

建议 30 天。 习惯越早建立，方法越早改进，学习成绩则越早提高。对于课业负担不重的学生，强烈建议遵照本书原始计划，每日合理安排，坚持 30 天学完，从而短期内获取最大效果。

30 周亦可。 某些地区或因课业负担过重，学生要在 30 天内执行完本训练计划，确有难度。此情况下可降低训练频次，每周一课，力争 30 周内完成所有内容。

第一周培养计划 习惯

目 录

前言

使用说明

第一周　第一天　作业习惯　　　　　　　　　　　　／ 001

第一部分　课前准备

自我检查 | 发现问题 | 自我反省　　　　　　　　　　／ 003

第二部分　正课

状元的作业习惯　　　　　　　　　　　　　　　　／ 008

第三部分　实践

由知向行 | 知行合一　　　　　　　　　　　　　　／ 012

第一周　第二天　预习习惯　　　　　　　　　　　　／ 023

第一部分　课前准备

自我检查 | 发现问题 | 自我反省　　　　　　　　　　／ 025

第二部分　正课

状元的预习习惯　　　　　　　　　　　　　　　　／ 029

第三部分　实践

由知向行 | 知行合一　　　　　　　　　　　　　　／ 033

第一周　第三天　复习习惯　　　　　　　　　　　　　　　/ 045

第一部分　课前准备

自我检查 | 发现问题 | 自我反省　　　　　　　　　　　　　/ 047

第二部分　正课

状元的复习习惯　　　　　　　　　　　　　　　　　　　/ 051

第三部分　实践

由知向行 | 知行合一　　　　　　　　　　　　　　　　　/ 056

第一周　第四天　听课习惯　　　　　　　　　　　　　　　/ 069

第一部分　课前准备

自我检查 | 发现问题 | 自我反省　　　　　　　　　　　　　/ 071

第二部分　正课

状元的听课习惯　　　　　　　　　　　　　　　　　　　/ 075

第三部分　实践

由知向行 | 知行合一　　　　　　　　　　　　　　　　　/ 079

第一周　第五天　做题习惯　　　　　　　　　　　　　　　/ 091

第一部分　课前准备

自我检查 | 发现问题 | 自我反省　　　　　　　　　　　　　/ 093

第二部分　正课

状元的做题习惯　　　　　　　　　　　　　　　　　　　/ 097

第三部分　实践

由知向行 | 知行合一　　　　　　　　　　　　　　　　　/ 101

第一周　第六天　考试习惯　　　　　　　　　　　／ 113

第一部分　课前准备

自我检查 | 发现问题 | 自我反省　　　　　　　　　／ 115

第二部分　正课

状元的考试习惯　　　　　　　　　　　　　　　／ 119

第三部分　实践

由知向行 | 知行合一　　　　　　　　　　　　　／ 123

第一周　第七天　错题本（难题本）　　　　　　　／ 137

第一部分　课前准备

自我检查 | 发现问题 | 自我反省　　　　　　　　　／ 139

第二部分　正课

状元的错题本（难题本）　　　　　　　　　　　／ 143

第三部分　实践

由知向行 | 知行合一　　　　　　　　　　　　　／ 147

第一周 第一天
作业习惯

作业是一名学生在学习进程中，最基本的一项学习要求。如果一位学生连作业都无法按时、保质保量地完成，再去渴求他（她）在学业上有多大作为、成绩上有多么优秀，是非常不切实际的。将"作业习惯"作为"状元学习法——学习习惯养成计划"的第一天训练内容，就是希望学生能不再因为"作业"这一最基本的学习要求而烦恼。良好的作业习惯，能够帮助学生快速高效地完成学校老师布置的各项作业，是清华、北大等国内顶尖一流大学学生的普遍学习特质。作业习惯好，学习成绩差不了。

第一部分　课前准备

自我排查 | 发现问题 | 自我反省

自测1：作业习惯检视

请在符合自己实际情况的选项前打√。

1. 你如何看待做作业这件事？
A. 为了检查我们在学校的学习情况。
B. 可以记忆强化，再训练，巩固学习过的知识，便于熟练应用。
C. 老师折磨我们，通过作业，不让我们闲下来。
D. 作业可以帮我复习当天的课程，通过作业我能清楚自己对于当天所学内容的掌握情况。

2. 请根据你平时作业的完成情况，自我评分。
A. 10分，每天都能按时或提前全部完成。
B. 8分，基本能完成，偶尔会漏（忘）做一小部分作业。
C. 6分，得看作业量，作业少的时候能完成，作业多了就完成不了。
D. 4分，作业是啥？我才不稀罕做呢，很少能完成。

3. 请根据你平时作业的完成质量情况，自我评分。
A. 10分，每天都能高质量完成。比对答案，基本上全对。
B. 8分，每天都能完成。对照答案，多数情况下都会有一些小错误。
C. 6分，有时能完成，有时不能完成。没有时间检查对错。
D. 我觉得做作业纯属浪费时间，老师逼急了，我就会做一点，但我从不要求质量。

4. 你觉得你每天写作业的时间，够吗？
A. 够。多数作业我在学校就已经做完了。
B. 够。每天我都能在规定时间内完成。
C. 看作业量。基本上够，作业多的话，会做到很晚。
D. 每天都做到很晚，有时还完成不了。

5. 下面哪一项与你现在的作业习惯较为相近？
A. 会尽快完成各门功课的作业，尽可能不把作业带回家。
B. 我会把作业带回家做。先完成作业，再安排其他活动。
C. 我基本上是在家完成作业的。回到家，我会先玩一会儿，然后再做作业。
D. 我不太想做作业，基本上会拖到很晚，有时候太晚了，我就不做或第二天再做。

6. 下列哪一项与你每天完成各门学科的作业顺序较为相符?

A. 先把喜欢（擅长）的科目作业完成，再做不喜欢或不擅长的。

B. 每天都按固定的科目顺序进行，如先写语文，再写数学，英语……

C. 哪个科目老师查得严，就先完成哪个科目；查得不严的，就放最后。

D. 看作业量。先完成少的，或先做多的。

7. 对于完成作业这件事，你感到困难吗?

A. 不困难。

B. 有压力，但能克服。

C. 有困难，没人能辅导。

D. 没困难，反正做不完。

8. 做作业时，你会求助于父母的辅导吗? 需要父母的监督吗?

A. 父母不辅导，不监督。

B. 父母会监督，不辅导。

C. 父母会辅导，会监督。

D. 没有父母的支持，我无法独立完成作业。

9. 作业完成之后，你会再花点时间检查对错并改正吗?

A. 会。我会参照答案一一检查，然后更正。

B. 有答案的时候会，没答案的话，就不检查。

C. 很少检查。没有时间，作业太多了。

D. 从不检查。检查浪费时间，反正老师会讲。

10. 有时候，时间来不及了，你在做作业时，会抄袭答案吗?

A. 从不。

B. 偶尔。

C. 经常。

D. 每次都对着答案做题。

自测 2：作业质量测评

请根据你的自身实际情况，完成下面的作业质量自我检测表。

作业日期	（　）月（　）日				填表人		
科目	开始时间（如17：00）	结束时间（如17：40）	检查订正（如17：45）	总用时（分钟）	正确率百分比	是否有人辅导	自我评价（满分10）
语文							
数学							
英语							
其他科目（　）							
其他科目（　）							
其他科目（　）							
其他科目（　）							
其他科目（　）							
所有功课作业总用时				（　）小时（　）分钟			

自测 3：自我时间管理

请按照实际情况，完成作息时间表，从而帮你更好地安排时间，建立良好的作业习惯。

内　容	开始时间	结束时间	总用时
起床			
洗漱			
晨练			
早饭			
到校			
早读			
上午学校课程			
午饭			
午休			
下午学校课程			
放学回家			
晚饭			
复习			
做作业			
预习			
拓展学习			
其他安排			
洗漱（睡前）			

第二部分　正课

状元的作业习惯

按照教材指定地址
学习本节视频课程

状元录

收看视频课程"第1课:状元的作业习惯",完成下表。

状元分享要点	我的收获

本节重点归纳

雷瑞清　清华大学　能源与动力工程　2017级本科生

很多科目的作业可以"见缝插针"来写，比如，课间写写英语单词，写两道简单的数学题，或默写古诗。回家以后，再写诸如语文作文、数学难题这种较为费时的作业，效率更高。我的（作业）标准是，要保证第二天老师如果让我上讲台给全班同学讲解这道题时，我能够清楚明白地讲出来。

我不会刻意去追求作业的正确率，相反，我更倾向于追求效率。因为只有在快速写作业时，我才是真的用本能在写，从而能发现自己在集中精神时不容易暴露出来的学习问题。

高灵毓　北京大学　中文系　2016级本科生

我一般会把学校布置的作业分成两类，采取不同的解决策略。第一类作业内容是重复性比较强、不要求连贯思维的，类似于抄写生字词、背单词或者自己之前已经完全掌握的复习题。我会把它们插空放进碎片化的学习时间里来完成，以提高写作业的效率。

第二类作业内容是与新知识点有关的、需要花较长时间进行思考的作业，比如作文以及老师在教授新知识后布置的练习题。处理这些作业，最基础的必备条件就是不受干扰的学习环境和大段的学习时间。我一般会选择在自己的卧室或书房里，远离电视、手机干扰，专心完成。

韩冰　清华大学　经济管理学院—工业工程系　2015级本科双学位

回家先做作业，等吃完晚饭后继续完成作业（保证连贯性，尽早完成）。遇到难题时，先翻看答案，再请教父母。我会预设完成作业的时间并检查，督促自己提高做作业的效率；每次作业完成之后，我会额外进行简单的预习和"趣味练习"。

千万不要抄作业。作业就是考试，尤其注意不要给粗心大意找借口，只有在做作业时能够保质保量地认真完成，考试时才不会慌乱。

黄晓红　北京大学　城市与管理学院　2016级本科生

放学回家后或是假期中一定要遵守的原则，也是我小时候一直遵守的作业原则，就是：放学回家完成所有作业之后，才能去安排别的事情。

在家做作业时，我一定要有自己独立的学习空间，没有父母的打扰，没有手机、电视、电脑的诱惑，就是全身心地在学习，这一点也是我认为的高效学习的关键。

作业完成以后，我是不会检查的，因为在第一遍写作业的时候，我就会非常认真，尽量不出错。那么，就算我再去检查，也不会检查出自己的错误。因为，思维定式已经形成了，多去检查也是浪费时间。

第三部分　实践

由知向行 | 知行合一

 第一步：反思

听完状元们关于作业习惯的分享，根据你目前的作业习惯，完成如下内容。

1. 你觉得自己目前的作业习惯，做得好的地方有哪些？

（1）_____

（2）_____

（3）_____

2. 你觉得自己目前的作业习惯，哪些方面做得不够好，还可以改善？

（1）_____

（2）_____

（3）_____

3. 你觉得要让自己的作业习惯变得更好，还需要哪些外部的支持？（比如：遇到难题时可以请教的对象、参考书、学习环境等）

（1）_____

（2）_____

（3）_____

4. 每天除了作业，你还有哪些特长或爱好？你是如何安排这些兴趣爱好的时间的？如果作业和兴趣爱好之间发生冲突，通常你是怎么平衡的？

_____

_____

第二步：改进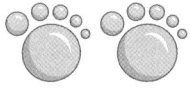

根据学习内容，结合自身实际情况，制定每日作业习惯自查表，坚持填写。

方法一　根据科目制定

科　目	回顾当天学习内容时长（分钟）	完成作业所用时长（分钟）	检查作业所用时长（分钟）	作业对错率（百分比）	作业质量自我评价（满分10分）
语文					
数学					
英语					
其他科目（　）					
其他科目（　）					
其他科目（　）					
其他科目（　）					

方法二　按照时间顺序规划

	语　文	数　学	英　语	其他科目 （　　）
计划完成时间 （如：30 分钟）				
开始时间 （如：19:00）				
完成时间 （如：19:40）				
实际完成用时 （如：40 分钟）				
提前 / 超时 （如：超 10 分钟）				
作业质量自评 （满分 10 分）				
作业情况总结 （如：本次题目较难 / 题目较多 / 因课堂听 讲质量差导致作业质 量低 / 知识点多等）				

第三步：坚持

（坚持30天，养成好习惯）

坚持填写每天作业完成情况，30天后你的作业习惯将有极大改观。

序号	日　期	语　文	数　学	英　语	其他科目（　　）
1	1月1日/周五	50分钟/优	30分钟/良	20分钟/中	（物理）20分钟/中
2	月　日/周				
3	月　日/周				
4	月　日/周				
5	月　日/周				
6	月　日/周				
7	月　日/周				
8	月　日/周				
9	月　日/周				
10	月　日/周				
11	月　日/周				
12	月　日/周				
13	月　日/周				
14	月　日/周				
15	月　日/周				

（续）

序号	日　期	语　文	数　学	英　语	其他科目 （　　）
16	月　日/周				
17	月　日/周				
18	月　日/周				
19	月　日/周				
20	月　日/周				
21	月　日/周				
22	月　日/周				
23	月　日/周				
24	月　日/周				
25	月　日/周				
26	月　日/周				
27	月　日/周				
28	月　日/周				
29	月　日/周				
30	月　日/周				

第四步：提高（工具箱）

下面的观点、经验和做法，可参照借鉴，助力养成良好的作业习惯。

1. 小学生的作业习惯

（1）从时间上做好规划。有智慧的家长会从一开始就对孩子提出要求：孩子放学进家门，第一时间就要去写作业，写完作业再吃饭、活动、阅读等。部分家长对孩子充满关爱，让孩子一放学就吃水果、喝奶，一通补充营养，然而半个多小时过去了，等真正想开始写作业时，又要吃晚餐了。这样一来，拖拖拉拉，作业量不大时也要写到晚上九点左右。所以，规划好时间非常重要。

（2）把书桌收拾整洁。书桌上不放任何会让孩子分心的玩具，这样就可以让孩子更专注于作业本身。

（3）采取计时作业法。家长采取计时的方式，可以帮助孩子更加专注于作业，有紧迫感，进而提高学习效率。

（4）让孩子独立思考。当孩子在写作业时，家长切记不要轻易打断孩子，不要一看到孩子有错误就马上指出来："你这里又错了。"做作业最忌讳的就是边写边改，孩子一边写着，家长一边吵着。家长要给孩子一个安静的环境，让他静下心来独立思考，独立完成作业。

2. 初中生的作业习惯

初中生的作业习惯有三方面内容：第一，要准时完成；第二，要保质保量，不能仅仅为了完成作业而写作业；第三，通过写作业把所学内容全部消化掉。

想要养成这个习惯，最基础的问题就是，家长和学生认知要到位。

这个认知内容包含三个方面：第一，对一名学生来讲，养成一个好的作业习惯是最基本的要求；第二，任何学生都可以养成一个很好的作业习惯；第三，当自己的作业习惯不够好的时候，一定是因为自己没认知到这个问题的重要性。

（1）形成良好作业习惯的第一个要求是准时完成作业。其意义之大不用多说，仅从可以保证孩子充足睡眠的角度来说，就可以打败一切。

为什么孩子写作业要用很长时间呢？只要弄清楚原因，也就把问题解决了一半。

孩子写作业时间长，无非是以下几方面问题造成的。第一，没有写作业的规划，从来没有要求过自己准时完成作业；第二，写作业时专注力不够，类似"小猫钓鱼"；第三，作业难题太多，被难题卡住的时间太长；第四，过早做完作业，家长不放心、不高兴，很可能还会要求加学习内容；第五，书写太慢。

只要家长和孩子能共同找到问题的根源，那么这个不能准时完成作业的坏习惯，也就解决了一半。剩下一半，见招拆招，克服掉存在的问题就好了。

（2）形成良好作业习惯的第二个要求，是保质保量。作业不是老师惩罚孩子、让孩子当奴隶的工具，适量的作业是孩子提高学习成绩的最佳途径。"学习"两个字包含两个内容，一个是"学"，一个是"习"。"习"，就是练习。学懂了不见得会做，要想又懂又会做，必须要有足够的练习。通过作业，帮助孩子把知识从了解到学透，这是最佳的办法。

家长在跟很多孩子说概念时，孩子经常会说"了解了""知道了"，但是，一旦遇上考题就晕了。根源就是作业做得不够，练习不到位。

平时做作业就是考试的预演，当一个孩子无法保证作业质量时，就不要指望考试能取得好成绩。通过作业养成答题习惯，也是孩子提高考试成绩唯一的途径。

（3）形成良好作业习惯的第三个要求是通过作业，消化掉所学内容。听了一天的课，自己学到了多少？消化了多少？还有没有没学会、没学懂的知识呢？写作业的过程不仅是练习的过程，更是发现自己存在问题的过程。等看见自己有不会做的题目，有做错的习题的时候，学生才会明白：知道和做到，是两个概念。

发现了不会、不懂的东西之后，立马去看课本，或者问家长、问老师，把这些东西学会、理解透。虽然白天听课没有完全理解，但现在补上了，一点都不晚。

当一个孩子具备了这样的作业习惯之后，当天作业不仅能够早早完成，还可以做一些自己喜欢的事情；更重要的是，自己可以放心，今天在学校学到的内容全部吸收了，以后上学也不再是无尽的任务。传说中的快乐学习，就不知不觉来到孩子身边。

3. 如何培养孩子的作业习惯

第一步，先复习，再闭卷写作业。大部分孩子的家庭作业，都是对当天学习内容的巩固练习，如果孩子每天做作业前先复习，对孩子学习非常有帮助。孩子做作业最好不要翻着书本、看着知识点做题，最好是闭卷做题。因为考试是闭卷，如果我们平时都能闭卷做作业，考试的时候自然也能从容应对。

第二步，培养孩子的时间观念。有的孩子做作业拖拉，本来只需要一个小时就能完成的作业，经常要花两三个小时。所以，我们家长不能纵容，应该给孩子订立时间规则。比如做语文用 30 分钟，数学用 30 分钟等。让孩子在规定时间内完成作业，还可以根据完成的快慢进行奖励或惩罚。当然，这个奖惩规则必须要提前跟孩子商量好，对作业的质量也要有要求。

第三步，培养孩子良好的书写习惯。教导孩子保持正确的书写姿势，做到"头正、身直、肩平、足安"。一手执笔，一手按住书本。做到字迹工整、书写规范，不在作业本上乱涂乱画，保持纸面整洁。毕竟考试时有卷面分，卷面不整洁会被扣分，如果孩子平时作业都能好好做到纸面整洁，考试的时候自然也能做好。

第四步，培养孩子勤思考的好习惯。有的孩子不喜欢思考，在作业当中遇到不会做的题时，就会马上求助家长，希望家长给自己讲题。这时，请家长先不要忙着给孩子讲题，应该鼓励孩子自己去思考、去审题，看看题目考查的是哪方面的知识点。如果孩子实在不会做，家长再给孩子讲解，但不能讲得太仔细，把答案说出来是不可取的，应该只讲关键点，点到为止，再让孩子自己去思考。

第五步，给孩子准备一个固定的学习角。有的家长比较纵容孩子，孩子想在哪里做作业就在哪里做，有时在饭桌上，有时又在客厅茶几上，有的孩子更是随便趴在一个凳子上就做作业了。但家长们想过没有，饭桌旁、茶几边都是我们经常活动的地方。如果家里人数比较多，我们走来走去，就会使孩子分心，影响孩子做作业。所以，家长要给孩子准备一个固定的学习角，让孩子明白在这个地方就应该全身心地投入学习。

第六步，孩子做作业时，家长不要一直盯着看。有的家长喜欢在孩子做作业的时候盯着看，一旦发现孩子做错题，就立马纠正。如之前综艺节目《变形记》里的一位妈妈，当孩子做作业时，妈妈始终陪在身边。刚开始的时候，她还能耐心指导孩子，但当孩子在一些简单题上出错时，这位妈妈就不淡定了，开始吼孩子了："这么简单的题你都不会""你以为我天天跟你开玩笑的"……孩子在一边默不出声，流着眼泪。其实，家长一直盯着孩子做作业，会给孩子造成一定的压力，尤其是有些家长控制不了自己的脾气，会吼孩子。而孩子常常会在这种紧张的气氛下不知所措，一些本来会做的题可能也做不出来了。所以，家长最好不要盯着孩子做作业，当孩子放学回到家，就让孩子自己去学习角做作业，而家长就去做自己的事情。但请记住，家长不要自己一边看电视、玩手机，还要一边督促孩子学习，这可能会造成孩子心态不平衡。家长可以看看书、做自己工作上的事，从而为孩子营造一个良好的学习氛围。

第一周　第二天
预习习惯

成绩优秀的学生与成绩一般的学生相比，在预习习惯方面存在较大差异。好学生更重视预习，往往在正式学习前，针对每门功课特点进行相应的事先预习。成绩一般或成绩较差的学生，则常以作业负担重、没有时间等为借口，很少预习或从不预习。预习习惯的好处，不仅限于学生们可以在提前预习中圈出学习难点、重点，有利于在课堂上针对性听讲，提高听课效率；同时，预习的过程也是发现的过程、思考的过程。预习有利于培养学生的观察能力、自我解决问题的能力、自主学习的能力。良好的预习习惯可提高课堂听课效率。听课效率提升了，日常作业完成的质量、效率就会变高，这就可以节省出大量时间，为孩子们开展课外活动提供了保障。调查发现：89.2%以上的清华、北大学生，在中小学阶段都养成了良好的课前预习习惯。

第一部分　课前准备

自我检查 | 发现问题 | 自我反省

自测 1：你会预习吗

请根据自己的实际情况，认真完成如下表格。

序号	内　容	选　项			
1	你认为在学习新课之前，进行预习对学习很有帮助？ A. 是。　　　　　B. 否。	A	B		
2	你会对第二天要学习的新课进行预习吗？ A. 每天都会。　　　B. 从不。	A	B		
3	你属于哪种？ A. 对每门功课都会事先预习。 B. 预习仅限于重点科目。	A	B		
4	你每天花多长时间在预习上的时间？ A. 大于 1 小时。 B. 30 分钟至 1 小时。 C. 10 至 30 分钟。 D. 不足 10 分钟。	A	B	C	D
5	你每天的预习时间固定（例如：作业后）吗？ A. 固定。　　　　　B. 不固定。	A	B		
6	你通常在哪个时间段预习功课？ A. 前一天晚上。　　B. 第二天上课前。	A	B		
7	你觉得你现在采取的预习措施，对你当前的学习有帮助吗？ A. 很大。　　　　　B. 一般。 C. 很小。　　　　　D. 无效。	A	B	C	D

(续)

序号	内 容	选 项			
8	预习时，你的习惯通常是： A. 只是在上课前，把新课浏览一遍即可，做到心中有数。 B. 在上课前，浏览新课，对疑惑进行标注，老师讲到这儿时，认真听讲。 C. 通常会在开学前，把这学期的课程全部浏览一遍，做到心中有数；每周会对下周要学习的内容进行提前预习；当天的新课会在前一天提前预习，通读全篇，圈画出难点疑点，便于上课听讲。时间充裕的话，会把新课的课后习题尝试做一下，便于测试自己的预习成果。 D. 通常不预习，预习会降低我听课的新鲜感。	A	B	C	D
9	在预习时，你会使用工具书（字典等）吗？ A. 会。　　　　　B. 不会。	A		B	
10	预习时遇到难点疑点，你通常会： A. 在书上标注。 B. 在专门的本子上记录。 C. 记在心里。 D. 没必要记录，老师会讲。	A	B	C	D

自测 2：预习习惯检视

下表是对预习习惯情况的排查，请如实认真填写，有助于发现实际问题，并进行下一步调整。

姓　名			
年　级		成绩班级排名	□靠前　□中上 □中等　□中下 □靠后
	语　文	数　学	英　语	其他科目
单科成绩状况 （好/中/差）				
每日是否预习				
每日不预习 （原因说明）				
每日预习大约时长 （分钟）				
每日预习的地点 （学校/家中）				
预习是否使用工具 （字典/参考书）				
预习的持续性 （每日坚持/时断时续）				
预习的效果自评 （满分 10 分）				

第二部分　正课

状元的预习习惯

按照教材指定地址
学习本节视频课程

状元录

收看视频课"第 2 课:状元的预习习惯",完成下表。

状元分享要点	我的收获
状元分享要点	我的收获

 本节要点归纳

田佳轩　北京大学　历史学系　2016级本科生

我的预习习惯养成于小学，尤其是语文方面。每次课前，我都会用新华字典把不认识的字挨个查完，就算是"预习过了"。然而随着年级增长，尤其是进入初中，发现真正的预习其实不仅如此。预习的目的更在于对课上要学习的内容和层次有大致了解，能够找到重点、难点、疑点。这些不是仅解决生僻字就够的。

预习的大体方式是先看教材，初步处理加工，为新课顺利进行扫清障碍。具体方式要根据不同科目、不同内容来确定。一般有：①巩固复习旧概念，查清理解新概念，查不清、理解不透的记下来。②初步理解新课的基本内容是什么？思路如何？在原有知识结构上向前跨进了多远？③找出书中重点、难点和自己疑惑的地方。④把课后的练习尝试性地做一做，不会做的可以记下来，等老师授课时注意听讲或提问。

薛陈　清华大学　经济管理学院　2016级本科生

从小学三年级开始，我就养成了定时预习的习惯，小学主要是预习语文。我会在完成所有科目作业之后，认真预习第二天语文老师要讲的课文。预习内容包括：首先，通读两遍课文，理清楚文章究竟讲了什么，简单地把握作者的情感和文章的主旨，然后借助辅导书，认认真真地把辅导书中分析总结的中心思想、文章结构和

片段赏析抄到自己的课本中。这样，就会对文章有一个很清晰的把握，对知识点有一个很好的梳理。

李雪丹　北京大学　外国语学院　2017级本科生

我是从三年级开始养成固定的预习习惯的。小学和初中时，我习惯超前预习。比如：会在寒暑假，把接下来整个学期要背的东西先背了。那我怎么知道下学期要背哪些东西呢？这个很简单，小学期间背的东西都是很固定的，比如语文，课后习题里要求全文背诵的课文或古诗是一定要背的；英语课文和单词也是一定要背的。临近开学的一个月，我就会安排自己每天背多少个单元，开学前尽量全部背完。

小学预习一般分两步，第一步看课本，第二步做题。时间充裕的情况下可以把公式、课文、生词、概念等都背一下。

付瑞璐　北京大学　新闻与传播学院　2016级本科生

在不同的阶段，我预习的方法和重点也会有所不同。比如说，在小学的时候，我可能更加集中于预习课本上的内容和拓展课外的阅读。在初中的时候，我就更加关注课本本身的内容，并做一些深度的扩展。

预习的时候需要注意哪几个方面？在我看来，就是两个字："粗"和"细"。"粗"就是指大概地扫一遍需要预习的内容。"细"就是把其中遇到困难的、卡顿的地方弄清楚、搞明白。预习需要做到有粗有细、先粗后细。

第三部分　实践

由知向行 | 知行合一

第一步：反思

1. 通过收看"状元的预习习惯"视频，你觉得养成良好的预习习惯，对一个人成绩的提升有哪些帮助？

（1）_____

_____

_____

（2）_____

_____

_____

（3）_____

_____

_____

2. 与状元们的预习习惯相比，你觉得自己在预习上有哪些方面需要改进？

（1）_____

_____

_____

（2）_____

_____

_____

（3）_____

_____

_____

3. 你觉得目前阻碍你建立良好预习习惯的因素（如每天作业太多，环境太吵等）有哪些？针对这些障碍，你想如何克服？

	障碍因素	克服办法
（1）		
（2）		
（3）		
（4）		

4. 好的习惯，需要坚持。你觉得自己在预习习惯养成方面，能够做到坚持吗？

（1）我能。理由：＿＿＿＿＿＿＿＿＿＿＿＿＿＿＿＿＿
＿＿＿＿＿＿＿＿＿＿＿＿＿＿＿＿＿＿＿＿＿＿＿＿＿
＿＿＿＿＿＿＿＿＿＿＿＿＿＿＿＿＿＿＿＿＿＿＿＿＿

（2）我不能。借口：＿＿＿＿＿＿＿＿＿＿＿＿＿＿＿＿
＿＿＿＿＿＿＿＿＿＿＿＿＿＿＿＿＿＿＿＿＿＿＿＿＿
＿＿＿＿＿＿＿＿＿＿＿＿＿＿＿＿＿＿＿＿＿＿＿＿＿

第二步：改进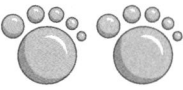

根据自身情况，制定每日预习情况自查表，坚持填写，助力良好预习习惯养成。

表格一　周预习计划

	语　文	数　学	英　语	其他科目
计划预习日期 （如：每周六/日）				
计划预习时间 （如：14:00）				
计划预习地点 （如：家中/学校）				
计划预习时长 （分钟）				
实际预习时长 （分钟）				
预习工具 （如：字典、练习本等）				
预习工具来源 （现有/采购）				
难点疑点标注方式 （不同颜色笔）				
预习效果自评 （满分10分）				
执行观察人 （父母/同学）				
观察人评价 （满分10分）				

表格二　当天预习习惯自查表

	语　文	数　学	英　语	其他科目
开始预习时间 （　时　分）				
完成预习时间 （　时　分）				
总计预习花费时间 （分钟）				
是否使用预习工具 （字典、书等）				
是否标注难点重点				
本次预习内容总结 （难度较大/难易适中/内容简单）				
预习效果自评 （满分10分）				
执行观察人评价 （满分10分）				
事后对比 自己提前预习的与老师课堂上讲授的知识点重合度 （较全面/有遗漏）				

第三步:坚持

(坚持30天,养成好习惯)

下表由30天"作业习惯"+"预习习惯"构成,请完成填写。

序号	日 期	语 文		数 学		英 语		其他科目	
		作业	预习	作业	预习	作业	预习	作业	预习
1	1月1日/周五	良	中	优	中	中	差	中	差
2	月 日/周								
3	月 日/周								
4	月 日/周								
5	月 日/周								
6	月 日/周								
7	月 日/周								
8	月 日/周								
9	月 日/周								
10	月 日/周								
11	月 日/周								
12	月 日/周								
13	月 日/周								
14	月 日/周								
15	月 日/周								

(续)

序号	日　期	语　文		数　学		英　语		其他科目	
		作业	预习	作业	预习	作业	预习	作业	预习
16	月　日/周								
17	月　日/周								
18	月　日/周								
19	月　日/周								
20	月　日/周								
21	月　日/周								
22	月　日/周								
23	月　日/周								
24	月　日/周								
25	月　日/周								
26	月　日/周								
27	月　日/周								
28	月　日/周								
29	月　日/周								
30	月　日/周								

第四步:提高(工具箱)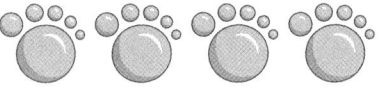

下面的观点、经验和做法,可参照借鉴,助力养成良好的预习习惯。

1. 预习有哪些好处?

(1)开拓听课思路。通过预习可以做到心中有数,上课时容易跟上老师的思路,甚至可以跑到老师的思路前面。当老师讲到一个陌生的概念时,就可以想一想它是怎样建立起来的,与它相关的概念有哪些。

(2)提高学习效率。通过预习,可以解决一些自己能通过自学就弄明白的问题,而对不懂的内容做到心中有数。这样,上课时就能集中注意力去听老师讲解。疑难的地方,由于自己预习时思考过,再听老师讲解就更容易明白。如此一来,学习内容更集中,目的性更强。同时由于一部分知识自己已经搞懂,这样就能节省一些时间,从而可以更深入地思考疑难问题,归纳并学习老师解题的思路和方法。此外,对于自己在预习时已经搞懂的内容,也可以将自己思考、解决问题的方法与老师所传授的方法相对照,从中得到较大的启发,进一步打开思路,加深对已知知识的理解与巩固。相反,如果不预习,未知的东西太多,什么东西都要去记,结果就会跟不上老师上课的节拍,手忙脚乱,听课的效果可想而知。

(3)养成良好的学习习惯。学生阶段不但要学习有关知识,更重要的是要养成良好的学习习惯。认真预习便是良好的学习习惯之一。

（4）发展自学能力。学生将来要走出学校，走向社会，需要吸收大量新的知识，这就要求我们有较强的自学能力。在中小学阶段，独立地做好预习是培养自学能力最好的方法之一。自学能力只有在自学活动中才能发展起来。预习是学生首次独立地接触新课，预习过程中，不可避免地要经过自己阅读、自己思考、自己练习、自己检验等阶段。久而久之，自学的能力就形成和提高了。

2. 如何高效预习？

（1）只看书不思考，等于没预习。预习时的思考是预习过程中最重要的一项内容。如果预习只是看书的话，意义并不大，效果也不明显，我们要在预习的时候勤思考，找出自己不理解的问题，不放过任何一个不太懂的地方。在那些不懂的地方做上记号，以便在上课时有重点地听老师讲解，而不是单纯地浏览课本上的文字或者死记硬背。

（2）巧而精地预习，掌握侧重点。预习过程中，不要求大家掌握每一个知识点，但要弄清楚这个小节讲的是什么，有哪些新的思维和解决问题的方法，并进行深入的探究。这种预习方法带来的直接好处就是增加学习兴趣，通过预习能基本知道这门课将要学的是什么，以及这门课的重点、难点是什么。在这个基础上听课，就有了侧重点，听课的效率自然而然就会提高了，做到巧而精地预习，才能实现预习本身的意义。

（3）关于文章类的预习法则。预习语文课文首先需要通读全文，了解课文的概貌，在课文中找出生字、生词，联系课文内容理解生字、生词的含义，了解作者写作的时代背景，领会文章的思想内容。历史、政治等科目,就需要大家查阅资料。英语的要求就更多一些了,要先读单词表再看课文,留意生词在课文中的运用。还要收听、收看课文的相关音频、视频,达到可以流利朗读的水平。

(4)预习要做的准备工作。现在的新教材普遍都具有知识面广、突出实践体验等特点,所以我们在预习过程中除了要预习书本上的内容之外,还要了解涉及的其他内容,比如相关资料的搜集,准备好课堂上需要用到的材料、工具以及做好课前实践等工作。这样才算完成一次全方位的预习准备工作。

3. 课前预习方法

(1)课前预习要达成的目的

目的一:对课上要学习的内容和层次有大致的了解。

目的二:巩固旧知识,理解新知识,把新旧知识进行浅层次的有机联系。

目的三:找出课文中的重点、难点和疑点,尤其是那些似曾相识的知识点要特别注意。

(2)课前预习流程

① 先把教材通读浏览一遍。

② 找出本节课涉及的旧知识,并确认自己是否已经掌握。如果没能完全掌握,应该复习、巩固这些旧知识。

③ 通过思考,确定需要学习的新知识中有哪些重点和难点。

④ 把理解起来有困难的部分,提前做好标记。这部分知识在上课时要格外注意。因为理解困难的部分往往就是重点、难点,这样带着问题去听课,效果会更好。

小提醒： 预习没有必要占用过多的时间。预习不是提前学习，其目的是为高效率听课作好铺垫。所以，不要耗费大量时间精力，不必什么都搞明白。只要把难点即不懂的地方找到就足够了。否则会把自己搞得很累，甚至很容易放弃。

（3）超前预习

对于学习能力极强的学生，可以进行超前预习。很多"学霸"在学习时都喜欢走在别人前面，"学霸"一般在一个学期刚开始，甚至在学期开始前的寒暑假时，就借来课本，进行预习。有一句话说得很有意思：不怕同学是"学霸"，就怕同学放寒（暑）假！寒（暑）假期间，一些学霸通过超前预习，不知不觉间就拉开了和普通学生之间的差距。如果你的学习能力特别强，也可以使用这种超前学习法。

4. 如何进行预习？

（1）妥善安排时间。最好在前一天晚上预习第二天要学习的新课，这样印象较深。新课难度大，就多预习一些时间，难度小就少预习一些时间。应选择那些自己学起来吃力，又轮到讲新课的科目进行重点预习，其他的科目大致翻翻即可。对于某些学科，也可以利用周末的时间，集中预习下一周要讲的课程，以减轻每天预习的负担。一般教材都有前续知识，孩子可以根据相应的知识板块进行预习，做到心中有数。

（2）明确任务。预习的主要目的是先感知教材，初步处理加工，为新课的顺利进行扫清障碍。具体任务要根据不同科目、不同内容来确定。一般有：①巩固复习旧概念，查清理解新概念，查不清、理解不透的记下来。②初步理解新课的这部分基本内容是什么？思路如何？在原有知识结构上向前跨进了多远？③找出书中重点、难点和自己感到费解的地方。④把本课后面的练习尝试性地做一做，不会做可以再预习一下，也可以记下来，等教师授课时注意听讲或向老师提问来解决。

（3）看、做、思结合。看，一般是把新课浏览一遍，然后用笔勾画出书上重要的内容，需要查的就查，需要想的就想，需要记的就记；做，在看的过程中需要动手做的准备工作以及做课后的练习题；思，指看的时候要想，做到低头看书，抬头思考，手在写题，脑在思考。预习以后，还要合上书本，小结一下，从而使自己对新教材的"初步加工"有深刻印象。

总结一下，预习新课可按以下程序进行：①浏览教材；②找出本节应掌握的预备知识，并复习、巩固这些知识；③编写本节的内容提要；④确定本节的重点和难点；⑤找出上课时应重点解决的问题，特别是新教材中自己不理解的问题，可用彩笔勾出。

第一周 第三天
复习习惯

多数情况下，复习这个环节是伴随学习作业共同完成的。例如，你要完成老师布置的课后作业，需要对当天的学习内容进行回顾、整理、归纳、总结，并最终以高质量作业的形式，反映出你的复习成果。复习，分为平时复习与临考复习两种形式。多数人更重视临考前复习，这种复习直接决定着考试的成绩。但如果平时复习做好了，就会大大减轻临考复习的压力，学习成绩也会变得更好。复习、作业、预习是课后学习的三个过程，形成了一个自我学习与检测的闭环。前两节课，我们已进行了作业习惯、预习习惯这两项训练。从今天起，同学们需要将作业、预习、复习三个习惯放在一起，努力坚持。通过养成良好的课后复习习惯，助力学习成绩的提升。

第一部分　课前准备

自我检查 | 发现问题 | 自我反省

自测 1：你是怎么复习的？

根据平时复习情况，在下表中勾选出符合你的选项。

现象描述
1. 你会安排专门的时间，对当天学习内容进行复习回顾吗？ ☐ A. 每天都会。　　　　　☐ B. 大多数时间会。 ☐ C. 偶尔会。　　　　　　☐ D. 从不。
2. 你觉得平时复习功课重要吗？ ☐ A. 重要。　　　　　　　☐ B. 不重要。
3. 下列哪一项描述与你平时的习惯较为接近？ ☐ A. 先复习当天学习内容，再完成作业。 ☐ B. 先做作业，再复习。 ☐ C. 边做作业边复习，没有特意安排复习时间。 ☐ D. 作业太多，没时间复习。
4. 除了作业，你每天总计花在各科上的复习时间，大约是多少？ ☐ A. 超过 1 小时。　　　　☐ B. 30~60 分钟。 ☐ C. 30 分钟以内。　　　　☐ D. 没有时间复习。
5. 根据你的情况，下面哪一项描述跟你平时的复习习惯比较接近？ ☐ A. 我会针对自己不同科目的学习成绩情况，对复习时间进行合理分配。优势科目花费时间相对少些；劣势科目会多花一些时间，有时会通过加题练习，来补充短板，提高弱势学科的成绩。 ☐ B. 我一般不会安排专门的复习时间。我认为老师布置完作业，我保质保量地完成作业，就已经算完成学习任务了，复习没有必要。 ☐ C. 我们的学校很变态，作业太多。我连作业都勉强才能完成，根本没时间复习功课。我也知道，复习功课还是有必要的。 ☐ D. 我主要看情况。自己喜欢的科目，就会复习；不喜欢的，从不复习。

(续)

现象描述
6. 复习时，你一般都会做些什么？ ☐ A. 会先完成当天作业，订正消化后，开始复习。按照我的复习顺序（如：先语文，再英语，再数学），依次复习各科。做法是：复习时，我会把各科的课本、课堂笔记、错题本统统拿出来，边回忆当天老师的讲课内容，边浏览；对已掌握的科目，快速通过；对难点科目，我会额外多花些时间，直到全部搞定。 ☐ B. 我会先完成作业。看当时作业完成的时间，再安排复习时间。如果时间不够，我就会从今天所有学习科目中，挑选出1~2门我认为需要复习的科目进行复习。 ☐ C. 我只对当天的难点进行复习。我的做法是：别自己闷着头傻干，对于一些课堂上没有搞懂的内容，我会及时请教父母或同学。 ☐ D. 只要作业做好了，根本不用复习。我从不在复习上浪费时间。
7. 针对作业、预习、复习这三件事，下列哪个情况跟你最接近？ ☐ A. 先作业，再复习，再预习。 ☐ B. 先复习，再作业，后预习。 ☐ C. 先作业，偶尔复习、预习。 ☐ D. 只做作业。

自测 2：复习习惯检视

请根据自身实际情况，完成下表。

	语 文	数 学	英 语	其他科目 （ ）
每天开始复习时间 （如 19:00）				
每天结束复习时间 （如 20:00）				
复习总计花费时间 （如 60 分钟）				
主要复习内容 （课本 / 知识点 / 错题难题本）				
该科复习感受 （难 / 中 / 易）				
复习时间是否固定 （是 / 否）				
复习时是否请教他人 （是 / 否）				
该科是否额外做题 （是 / 否）				
该科目前成绩状况 （优 / 良 / 中 / 差）				
复习效果自我评价 （满分 10 分）				
复习方法自我评价 （好 / 一般 / 不好）				

第二部分　正课

状元的复习习惯

按照教材指定地址
学习本节视频课程

状元录

收看视频课"第3课:状元的复习习惯",完成下表。

状元分享要点	我的收获
状元分享要点	我的收获

本节重点归纳

田佳轩　北京大学　历史学系　2016级本科生

根据遗忘规律，最佳的复习时间在一天内，所以，日常复习显得尤为重要。对于平时课堂所学，其实我们已经在做作业的过程中进行了复习。以数学为例，每天课后，老师布置的题目基本涵盖了今天所学的知识点，让我们实际操作了一回，所以记忆比较深刻。但对于英语和语文来说，可能就不是那么明显。所以，我在读小学时，家人每晚都会让我再听写或默写一遍今天所学的英语单词或课文，这样能够加深印象。

我个人复习时，一般倾向于先难后简。比如我一般先复习数学，然后复习英语、语文，主要是因为数学需要集中注意力，所以趁着精力最佳的时候来攻克，而英语、语文更多靠的是背诵和记忆，所以放在了后面。

薛陈　清华大学　经济管理学院　2016级本科生

每天写完作业之后，我会花时间把一天所学的内容整体回顾一下，我觉得这是吸收知识、掌握知识的最集中、最有效的时候。

我一般会先从数学开始，这个科目需要的复习时间比较少，我放在第一位，这样不会给自己造成太大心理压力。数学复习步骤：先整体梳理一遍今天所学的各种公式、定理等，掌握理解之后，再把这些公式定理背下来。必要的话，可以让自己抄几遍公式、定理，加快记忆的速度。

接着,复习语文和英语。对于语文,我会把今天课堂上所学的课文先读几遍,再梳理一下听课时记录的笔记,或者辅导书中对于比较重要的课文的讲解,做到对课文的内容和相关知识胸有成竹、有效记忆。

对于英语,第一步是将白天所学的新单词背下来,包括读音、拼写、词性和意思,然后,熟读上课时讲解的课本片段、文章,并且梳理记忆老师上课所讲的内容,或辅导书中总结的知识点,包括词组搭配、特殊句式、语法知识、常见考点等,日积月累,就可以将自己的英语基础打扎实。

李雪丹　北京大学　外国语学院　2017 级本科生

考前复习只复习一遍,通常是没有显著效果的。我从小到大的考前复习,都至少是两遍。小学单元测,我需要在考前一周开始准备;小学期中考试,需要用 2 周准备;期末考试则需要 4 周。初中的复习战线会更长,备战期基本上都是一个月以上。

第一轮复习是整体性的。这时候要把课本再看一遍,把该背的课文、笔记、单词、公式全部背一遍。可以分单元背,给自己制定一张时间表,这周背多少个单元,下周背多少个单元。每复习完一个单元,要把相应的练习题做一遍,课后习题、练习册、单元小测试卷都是你复习的资料。第一轮复习的时候,要把所有做错的题盖住答案,重新做一遍,分析错误的原因,然后重复做,直到全对为止。也可以利用错题本,把做错的题目抄写在错题本上,考前拿出来重新做一遍。

付瑞璐　北京大学　新闻与传播学院　2016级本科生

日常复习指的是我们在平常学习的时候,在课下需要做的复习,考前复习指的是我们在应对考试之前所做的突击式的复习,两种不同的复习模式,使用的方法也不太一样。

预习如果做得充分,复习就不会花费很多时间。复习相当于是第三次记忆。预习是第一次记忆,课上学习是第二次记忆。

第三部分　实践

由知向行 | 知行合一

 第一步：反思

听完本节课程，根据你目前的复习习惯，如实回答下列各题。

1. 通过比较状元们的复习习惯，你觉得自己在复习功课方面，哪些地方需要进行适度调整？

（1）_____

（2）_____

（3）_____

2. 你从状元们的分享中，学习到了哪些复习方法？

（1）_____

（2）_____

（3）_____

3. 哪些科目是你的优势科目（成绩好）？哪些科目是你的一般科目（成绩中等）、劣势科目（成绩不好）？针对不同的科目，你打算采取哪些复习方法？

（1）优势科目：_____

打算采取的复习方法是：_____

_____

（2）一般科目：_____

打算采取的复习方法是：_____

_____

（3）劣势科目：_____

打算采取的复习方法是：_____

_____

第二步：改进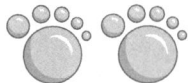

表一　每日复习情况记录表

姓　名			日　期	
	语　文	数　学	英　语	其他科目
计划开始时间 （如 18:00）				
实际开始时间 （如 18:30）				
推迟或提前原因 （实际填写）				
实际结束时间 （如 19:10）				
该科实际用时 （如 40 分钟）				
总计用时				
用时最长科目 （在下面打√）				
该科复习方法 （背诵/梳理/做题）				
是否需要外人辅导 （要打√/不要打×）				
复习效果自评 （满分 10 分）				
复习观察人 （签字）				
观察人对效果打分 （满分 10 分）				

表二　周复习情况自我检查表

姓　名		本周起始时间	月　日　至　月　日	
	语　文	数　学	英　语	其他科目
浏览当周学习内容 （完成打√）				
背诵记忆内容 （完成打√）				
知识点梳理 （完成打√）				
错题本回顾整理 （完成打√）				
额外做题巩固 （做了打√）				
周复习时间 （分钟）				
周复习效果自评 （满分10分）				
复习见证人 （签字）				
见证人评价 （满分10分）				
其他安排 （更多内容，在此填写）				

第三步:坚持

(坚持 30 天,养成好习惯)

下表是 30 天"作业习惯""预习习惯""复习习惯"情况汇总,请每日坚持,并认真填写。

序号	日期	语文			数学			英语			其他科目 ( )		
		作业	复习	预习	作业	复习	预习	作业	复习	预习	作业	复习	预习
1	1月1日/周五	优	优	优	优	优	优	优	优	差	优	良	差
2	月 日/周												
3	月 日/周												
4	月 日/周												
5	月 日/周												
6	月 日/周												
7	月 日/周												
8	月 日/周												
9	月 日/周												
10	月 日/周												
11	月 日/周												
12	月 日/周												
13	月 日/周												
14	月 日/周												
15	月 日/周												

(续)

序号	日　期	语　文			数　学			英　语			其他科目 （　　）		
		作业	复习	预习	作业	复习	预习	作业	复习	预习	作业	复习	预习
16	月　日/周												
17	月　日/周												
18	月　日/周												
19	月　日/周												
20	月　日/周												
21	月　日/周												
22	月　日/周												
23	月　日/周												
24	月　日/周												
25	月　日/周												
26	月　日/周												
27	月　日/周												
28	月　日/周												
29	月　日/周												
30	月　日/周												

第四步：提高（工具箱）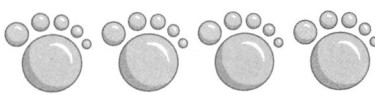

下面的观点、经验和做法，可参照借鉴，助力养成良好的复习习惯。

1. 艾宾浩斯遗忘曲线

遗忘曲线由德国心理学家赫尔曼·艾宾浩斯（Hermann Ebbinghaus）研究发现，描述了人类大脑对新事物遗忘的规律。人们可以从遗忘曲线中掌握遗忘规律并加以利用，从而提升自我记忆能力。该曲线对人类记忆认知研究产生了重大影响。

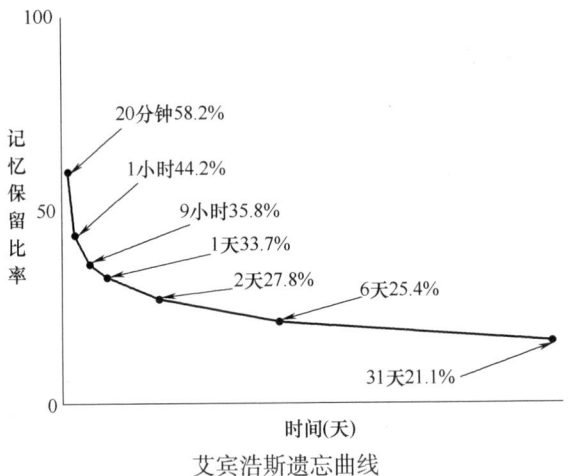

艾宾浩斯遗忘曲线

著名的艾宾浩斯遗忘曲线显示，我们对记忆内容有着如潮水般汹涌的遗忘：记忆后1小时，只会保留44.2%；1天时，只会保留33.7%；31天时，所记内容就只剩下21.1%了。针对我们的遗忘规律，在此提供一个复习建议。

（1）复习点的确定。复习点的确定要基于大脑的记忆周期。人的记忆分短期记忆和长期记忆两种。

在短期记忆范畴：

- 第一个记忆周期是 5 分钟
- 第二个记忆周期是 30 分钟
- 第三个记忆周期是 12 小时

下面是几个比较重要的长期记忆周期。

- 第四个记忆周期是 1 天
- 第五个记忆周期是 2 天
- 第六个记忆周期是 4 天
- 第七个记忆周期是 7 天
- 第八个记忆周期是 15 天

以上的八个记忆周期可以应用于背单词、课文等，将这 8 个复习点作为一个大的背记循环可以最大限度地提高背记的效率。

（2）具体做法。人的大脑是一个记忆的宝库，人脑经历过的事物、思考过的问题、体验过的情感和情绪、练习过的动作都可以成为人们记忆的内容。例如，英文学习中的单词、短语、句子以及文章的内容都是通过记忆完成的。从"记"到"忆"有个过程，其中包括了识记、保持、再认和回忆。很多人在学习英语的过程中只注重学习当时的记忆效果，殊不知，要想做好学习的记忆工作是要下一番功夫的。单纯地注重当时的记忆效果，而忽视后期的记忆保持和再巩固，同样达不到良好的效果。

在信息处理上，记忆是对输入信息的编码、贮存和提取的过程。从信息处理的角度来看，英文的第一次学习和背诵只是一个输入编码的过程。人的记忆能力从生理上讲是十分惊人的，它可以存贮 1015 比特（byte，字节）的信息，可是每个人的记忆宝库被挖掘出来的只占 10%，还有更多待发挥的记忆空间。这是因为有些人只关注了记忆的当时效果，却忽视了记忆中更大的问题，即记忆的牢固度，这就牵涉到心理学中常说的记忆遗忘的规律。

2. 什么是复习

复习是对自己学习过的课程进行查漏补缺和总结归纳的过程。通常复习的过程需要相应的练习和记忆。通过复习不仅可以提高学习质量，更可以提高学习效率。我们所提倡的一种复习方法就是留复习资料，然后查缺补漏，安排好一定的时间间隔进行复习，时间间隔因人而异。

复习中要注意以下两个问题。

（1）如何发现问题。发现问题的两种重要手段就是查缺补漏和总结归纳。

查缺补漏，是指对自己所学内容的不足和缺陷，主动进行整理和检查。这个工作的主题就是查找自己学习的漏洞和薄弱环节。这个过程好比打仗前的军备检查。根据自己的情况，进行针对性的补充和练习，是"防患于未然"的根本举措。

总结归纳，是指对自己所学内容进行阶段性的回顾。以前我制作课件的时候，每一个训练下面都有一定的总结。我是一个通过不断总结去学习的人，而且我总会思考如何让别人也明白这些问题；我喜欢站在教学者的角度去学习。总结，好比打扫自己的房间。总结归纳的内容就好比是收纳自己房间中的书、本、个人用品、鞋、衣服、玩具……过一段时间，就得对自己的房间进行清扫和整理，看看有什么垃圾需要清理，看看自己的物品摆放的位置是否合理。这样，用起来就方便许多。学习，也是同理。

发现问题这个环节主要是通过看书来实现。许多学生往往只是看自己以为的重点和难点，而不能全面仔细地阅读教科书。这种复习最容易出现的结果往往是懂的还是懂，不懂的还是不懂；疑难的懂了，但基本的简单概念却说不清楚！（请做个小实验，拿起课本，对照书上的内容向自己提问。据我抽查的经验来看，能够圆满回答的学生极少）因此，仅会看书，不知道全面阅读课本，就不可能发现真正的问题。

（2）如何解决问题。解决疑难和困惑问题的方法有以下四种：

① 提问。如果由于对某些概念或问题还存在疑问和不解，需要向老师或家长及时进行请教，做到"不耻下问"。如果你爱提问题，就会发现自己进步得非常快。试想，在迷路的时候，你能找个人问问路，是不是会让自己很快摆脱困境呢？提问不仅是因为有疑问，如果在没有疑问的情况下也能发现问题，那就更了不起了。

② 讨论。即通过与同学的交流和探讨，来达到对某些概念和问题更精确、更深入的理解。与同学的讨论和交流是发现自身学习问题的一个快捷方式，更是促进自己对概念等知识理解的好方法。不要担心同学从你那里得到学问，你应该担心的是，你能不能给同学讲清楚你自以为掌握的内容。要记住的一点是：学会讨论的学习方法，会让你在以后的生活和学习中体验到合作的快乐。

③ 思索。思索其实是一种自己与自己的对话和交流，通过思索来获得对问题更好的认识和理解。比如，如何把自己的生活和学习安排好，就需要你先思而后行。最好在每天晚上睡觉之前，想想今天的事情哪些做好了，哪些又没有做，明天的事情什么时候去

做，心里要有个安排。学会思索了，就可以设计你的生活，计划你的生活，成就你的生活！

④ 针对性练习。通过查缺补漏和总结归纳，你会发现有些知识概念掌握得不是很好，需要通过做一些针对性的练习来达到掌握的目的。有的练习是以背诵、记忆为主，有的则需要学生自己通过参考书、习题册来复习巩固。

3. 如何制订复习计划

每天都上课，还要给自己安排复习计划吗？当然要！

学校班集体的课程，是一个大的学习计划，是针对全体学生制订的。而自己的学习计划是在遵从学校或班级计划的前提下，针对自身情况而制订的，针对性更强，更能帮助我们强化弱科。制订计划时，应注意以下几点：

（1）个人计划服从于学校、班级大计划。不管是学校计划还是我们的个人计划，都是为了让我们更好地复习。在时间安排上，可能有矛盾，但个人的计划活动时间，尽量安排在班级计划以外。

（2）保证常规学习，利用自由时间。常规学习时间主要用来完成老师当天布置的学习任务，"消化"当天所学的新知识。自由学习时间是指完成老师布置的学习任务后，剩下的归自己支配的学习时间。在自由学习时间内，一般可以做两件事：补课和提高。补课，是弥补自己学习中的不足；提高，则是深入钻研，发展自己学习的优势和特长。

（3）长计划和短安排。实际的学习生活千变万化，不好预测，所以，长远计划不能订得太具体，不可能这个月就把下个月每天干什么全都列出来。但是，下个月在学习上应解决哪几个主要问题，心中应当有数。本月的第一个星期要解决什么问题，第一个星期每天干什么，就应当具体些。如此安排计划后，每天学习时，心中就会明白今天的学习任务在学习全局中的地位。有了具体的短期安排，长远计划中的任务就可以逐步得到实现。有了长远计划，又可以在完成具体学习任务时，明确长远的学习目的。

（4）从实际出发。制订计划时，不要脱离自己的实际情况。什么是学习的实际情况呢？首先是自己的知识基础。基础好，就要拓宽、加深，进一步提高；基础差，就要查缺补漏，巩固基础。其次是自己的接受能力。一方面，能做到什么程度就定到什么程度，任务不能太多，要求不可太高，应做到量力而行。另一方面，依据自己在每个阶段能提供的自由学习的时间来量时而定，同时也要结合老师的教学进度。

（5）计划要留有余地。计划的活动内容和时间安排往往与后来的实际执行情况不完全吻合。例如，某个阶段有的学科难度大、作业多，这样一来，计划中的常规学习时间就会增加，而自由学习时间就会减少。计划中的学习任务就可能完不成。所以，为了保证计划的实现，在制订计划时，必须留有余地，以便适时调整。

（6）经常对照，及时调整。计划订好之后，要贴在显眼的地方，经常对照，检查自己的执行情况。如果任务完成得很轻松，余地较大，可以考虑进度加快一点。如果没有按计划完成任务，要分析是什么原因，对症下药，及时采取措施。必要时，可调整计划，降低标准,减慢速度,使计划切实可行,为学习服务。

4. 根据个人精力,制订学习计划(案例参考)

早上6~8点。一日之计在于晨,对一般人来说,疲劳已消除,头脑最清醒,体力亦充沛,是学习的黄金时段。可安排对功课的全面复习。

早上8~9点。试验结果显示,此时人的耐力处于最佳状态,正是接受各种"考验"的好时间。可安排难度大的攻坚内容。

上午9~11点。试验表明,这段时间短期记忆效果很好。对"抢记"和马上要考核的东西进行"突击",可事半功倍。

正午13~14点。午饭后人易疲劳,夏季尤其如此。这段时间最好休息调整一下,也可听轻音乐,养精蓄锐,以利再战。但午休切莫过长。

下午15~16点。午休后精神又振,此时长期记忆效果非常好。可合理安排那些需要"永久记忆"的东西。

傍晚17~18点。这是完成复杂计算和比较消耗脑力作业的好时间。这段时间适宜做复杂计算和需要"死磕"的作业。

晚饭后。应根据各人情况,妥善安排。可分两三段来学习,可交叉安排语、数、英等文理科,也可做难易交替安排。

以上是根据人的精力分布情况所制订的学习计划,比较笼统,但对大家制订自己的学习计划有很好的指导作用。

第一周　第四天
听课习惯

调查发现：学习成绩优秀的学生共有的突出特点之一就是重视课堂听讲。考取清华、北大等一流大学的学生们在分享个人成长成功经验时，纷纷表示：重视课堂听讲，做到当堂学习、当堂消化，是他们取得好成绩的重要基础。研究表明：课堂听讲质量高低，直接决定了课后做作业的质量。小学、初中阶段，90%以上的知识、考点均可通过课堂传授、课堂练习来当场完成。良好的听课习惯可缩短课后作业时间，提升学习效率。

第一部分 课前准备

自我检查 | 发现问题 | 自我反省

自测 1：你是怎么听课的？

请根据你的实际情况，完成下表。

内　容	选　项			
1. 听课之前，你会事先预习吗？ A. 会对照第二天课程表，提前预习。 B. 会在上课之前，花一点时间看下节课的课程内容。 C. 看作业时间，有时间的话，会预习。 D. 从不预习。	A	B	C	D
2. 马上要上课了，你会在什么时候坐在课桌前？ A. 提前几分钟。　　B. 铃声响起跑回教室。 C. 经常迟到。　　　D. 以上情况都有。	A	B	C	D
3. 上课听讲时，你会使用下面哪些工具？ A. 书。　　B. 笔。　　C. 笔记本。 D. 字典、词典。　　E. 不同颜色的笔。 F. 难题本。　　　　G. 计时器。	多选，符合的在选项上打√			
4. 关于课堂听讲的质量，下面哪一项描述与你的情况较为接近？ A. 每堂课我都能跟上老师的节奏，认真听讲，积极回答老师提出的问题。 B. 我基本都跟得上老师的节奏，偶尔会开个小差，干点儿别的。 C. 碰到喜欢的课或者老师，我就认真听；碰到不喜欢的课或者老师，我就不注意听讲。 D. 我只能专心听一会儿，做不到全程专心听讲，有些课，我很难完全听懂。	A	B	C	D

(续)

内　容	选　项			
5. 上课听讲时，你会记笔记吗？ A. 会。　　　　B. 不会。	A	B		
6. 上课听讲时，你会积极参与吗？（如举手回答问题等） A. 会。　　　　B. 不会。	A	B		
7. 你觉得影响上课听讲质量的各种原因中，最重要的是下面哪一个？ A. 睡眠不足。 B. 老师原因（讲得不好，要求不严）。 C. 同桌及周围同学。 D. 不想学或听不懂。 E. 其他（填写：_____）。	A	B	C	D
8. 课堂上听不懂的，你会课下请教老师或同学吗？ A. 会。　　　　B. 不会。	A	B		
9. 当天学习的内容，你会当天复习吗？ A. 会。　　　　B. 不会。	A	B		
10. 对于自己喜欢的科目或老师，会越学越喜欢，成绩也会较好；对于自己不喜欢的科目或老师，会越学越没劲，成绩也会不好。你认同这种说法吗？ A. 认同。　　　B. 不认同。	A	B		

自测 2：听课习惯检视

下表记录了你一整天的在校生活，能帮助你了解自己每天的听课习惯，请认真如实填写。

时 间	具体安排							
早读	各科早读顺序							
	各科时间分配							
早饭	早饭总计用时							
	除用餐外时间安排							
上午上课前	提前到教室时间							
	这段时间内的安排							
	科目名	喜欢程度	课堂笔记	课堂练习	举手发言	开小差	作业本	下课整理
第一节课								
第二节课								
第三节课								
第四节课								
午饭	午饭总计用时							
	除用餐外时间安排							
下午上课前	提前到教室时间							
	这段时间内的安排							
	科目名	喜欢程度	课堂笔记	课堂练习	举手发言	开小差	作业本	下课整理
第五节课								
第六节课								
第七节课								
第八节课								
放学	离校前通常会做的事							
	当天没吃透问题的解决办法							

第二部分　正课

按照教材指定地址
学习本节视频课程

状元录

收看视频课"第4课:状元的听课习惯",完成下表。

状元分享要点	我的收获

 本节重点归纳

雷瑞清　清华大学　能源与动力工程　2017 级本科生

　　听课水平是最能体现一个学生水平高低的指标。在上课前，我首先会把可能用到的课本、文具、试卷、习题册都准备好，放在触手可及的地方，需要用的时候，我第一时间能拿得出来。其次，不论我课前有没有做预习，预备铃响起的时候，一定要回到座位上，翻一下相关资料。我这样做的目的，是让自己的思维快速地进入到下节课的节奏中，尤其对于数学那种需要"热身"的科目。这种做法是很有必要的。听课的时候，防止自己走神的最好方法就是记笔记！对于听讲方法，我的习惯是要有重点，就是自己要明白不清楚的点在哪儿，以便老师讲到的时候重点去听。

高灵毓　北京大学　中文系　2016 级本科生

　　课堂听课的效果其实并不仅仅取决于课上的这 45 分钟，可能前一天或者上个周末做出的准备就已经决定了这堂课的 30%。我自己是非常受益于课前预习习惯的，这种预习绝对不只是浏览一遍新的课文或者公式、定理，而是一种简化的自学过程。

　　做好课堂笔记，也是提高听课质量极为重要的一环。具体形式可以根据每个人的习惯决定，重要的是突出重点、保留关键词、让复习有迹可循。最费力不讨好的记笔记方式就是面面俱到的笔记，看起来似乎把老师的每一句话都保留了，但其实毫无重点、重复性很强，这样的笔记没什么价值，一般不会看第二遍，自己也不会用它来复习。为了避免这种情况，我一般会使用三个简单的办法来提高记笔记的效率：①谢绝重复，不记录课本已有的内容；②用关键

词替代长句子；③用框架替代大段逻辑性差的文字。

韩冰　清华大学　经济管理学院—工业工程系　2015级本科双学位

课堂上要积极和老师互动，这样可以加强你的课程参与感，从而提高听课效率。同时，参与课堂的行为也会让自己跟着老师的节奏，不容易走神。

有些人会因为"讨厌"某科老师而对这个科目产生抵触心理，进而影响课堂听讲，这非常不应该。大家要知道，没有老师是"不喜欢"你的，只是你可能不适应她（他）的讲课风格，或者你对她（他）的其他方面心存不满，但一定要记住：学习是给自己学的，通过不断地学习、成长，你会慢慢理解什么叫"对自己负责"。

黄晓红　北京大学　城市与管理学院　2016级本科生

听讲的时候，我一定会紧跟老师的节奏。很多时候，老师讲得都很细致，即使这道题你会做，你也应该看一下老师是如何完成的，因为形成正确的解题思路是非常必要的。在老师讲到重点的地方，我一定会做好标注，就是用荧光笔做标记，方便课后复习和查阅。养成记笔记的习惯十分重要，老师在黑板上写的板书，一定要抄写下来，尤其是比较重要的题目或者难题。因为，有时虽然你课上听懂了，但课后自己很可能就想不起来了，需要多看几遍老师的解题过程，才能巩固思路。所以，一定要做好笔记。

我也有自己不喜欢的老师。尤其是有的老师讲课比较枯燥，让人难以提起兴趣。但我还是会要求自己认真对待这个科目，用自己适合的方式去学，而不是放弃或不认真学。每一门学科都同样重要，不学或不认真学就会导致偏科，而且会产生一个恶性循环，也是成绩不好的一个开端。

第三部分　实践

由知向行 | 知行合一

第一步：反思

请根据视频课"状元的听课习惯"，结合自己平时的听课情况，如实回答下列问题。

1. 你觉得自己在上课听讲方面，哪些地方做得较好？哪些地方做得不好？

（1）做得好的：_____

（2）做得不好的：_____

2. 你认为上课听讲前，需做好哪些准备（如：预习，准备物品，提前2分钟进教室等）？你平时的习惯是怎样的？

（1）_____

（2）_____

3. 为提升上课听讲效率，你认为在课堂听讲过程中，需使用哪些工具（物品）？

（1）_____

（2）_____

4. 哪门功课是你最擅长的？这门课的听课质量怎样？哪门功课是你较薄弱的，这门课的听课质量怎样？针对弱势科目，接下来你想在课堂上通过哪些举措来提高听课质量？

（1）_____

（2）_____

（3）_____

5. 观察一下你所在班级中成绩较好的同学，他（她）的听课习惯是怎样的？有机会借阅一下他（她）的课堂笔记、课本等，学习他（她）的成功经验。

_____

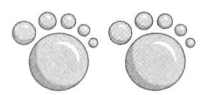 第二步：改进

针对每门功课，制定"听课习惯自查表"，每日总结提升。

科目		日期		第　节课	
检查项	检查内容（"是"打√，"否"打×）				
课前检查	□是否预习	□作业是否完成	□是否提前进教室	□是否物品备齐	
	□是否迟到	□是否课前紧张	□是否心情舒畅		
	其他行为				
课堂检查（本项课后回忆完成）	□是否记笔记	□是否跟上老师思路	□是否举手答题	□是否认真做题	
	□有无开小差	□是否有听不懂的	□是否被周围打扰	□是否被表扬	
	□是否被批评	□是否打瞌睡	□是否偷做其他事	□是否留有疑问	
	□是否用错/难题本	□是否用积累本	□是否留有作业	□是否盼着下课	
	□是否打扰他人	□是否全程专注	□是否不喜欢老师	□是否不喜欢这门课	
	其他课堂行为				
课后检查	□是否全程记录课堂笔记	□是否记全本节课的预留作业	□是否快速（1~2分钟）回顾本节课内容	□是否请教了难题	
	□是否做好了下节课的准备	□是否下课就跑	□是否下课打闹	□是否课间打游戏	
	□是否课间讨论游戏	□是否利用课后时间完成部分(全部)作业			
	其他课后行为				

第三步：坚持

（坚持30天，养成好习惯）

下面是30天"听课习惯自查表"的记录汇总表，请每日坚持自查并认真填写。

各科听课习惯自查表					
序号	日　期	语　文	数　学	英　语	其他科目（　　）
1	1月1日/周五	优	优	差	优
2	月　日/周				
3	月　日/周				
4	月　日/周				
5	月　日/周				
6	月　日/周				
7	月　日/周				
8	月　日/周				
9	月　日/周				
10	月　日/周				
11	月　日/周				
12	月　日/周				
13	月　日/周				
14	月　日/周				
15	月　日/周				

(续)

各科听课习惯自查表					
序号	日　期	语　文	数　学	英　语	其他科目（　）
16	月　日/周				
17	月　日/周				
18	月　日/周				
19	月　日/周				
20	月　日/周				
21	月　日/周				
22	月　日/周				
23	月　日/周				
24	月　日/周				
25	月　日/周				
26	月　日/周				
27	月　日/周				
28	月　日/周				
29	月　日/周				
30	月　日/周				

第四步：提高（工具箱）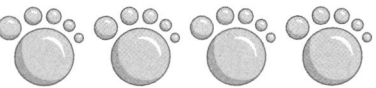

下面的观点、经验和做法，可参照借鉴，助力养成良好的听课习惯。

1. 高效的听课习惯

（1）视听结合。大多数学生听课时是一边听，一边看。听觉、视觉并用，比只听不抬头看的听课效果要好。

听是接收声音信息，看是接收图像信息。又听又看，既能通过声音来记忆抽象概念的同时，又可以结合图像来直观地强化具体的知识印象。听和看的内容应保持同一性，不能听这儿看那儿，分散听课注意力。

听，一般指听录音、听范读、听提问、听讲解；看，主要是指看板书、看挂图、看荧屏或银幕上的多媒体画面、看教师的举手投足。因为教师要借助这些板书、画面、手势，化抽象为具体、变繁复为简明、变陌生为熟悉。

（2）听思结合。子曰："学而不思则罔，思而不学则殆。"边听边思考，也是一种有效的听课方法。听，一般是被动地接收；而思，则是主动地思考。

边听边思考，可以把被动的信息接收状态转化为主动的消化吸收状态，加深对知识的认识和理解。只听不思考属于"录音机式"的听课，囫囵吞枣，谈不上真正掌握知识，更谈不上培养创造性思维能力。

课上思考,可以从这几方面入手:教材的重点、难点在什么地方,老师为什么这样处理教材,老师讲的自己是否真正懂了,老师讲的与自己想的有什么不同,这篇课文与其他课文有何异同……以思促听,知其然也能知其所以然。

(3)"五到"听课法。"五到"就是指耳、眼、口、手、脑都要动起来,多感官多身体部位全部参与听课活动,获得一种综合的、立体的听课体验。

耳到:听老师讲,听同学发言、提问,要做到不漏听、不错听。

眼到:看课本、看老师的表情、看板书、看优秀同学的反应。

口到:口说,包括复述、朗读、回答问题。

手到:做笔记、圈重点、批感想、做练习。

脑到:动脑筋,做到心力集中、积极思考。

"五到"听课法要求学生全神贯注,灵活地根据课堂情境和老师要求,适时调整听课方法。这种听课方法是效率最高的听课方法之一。

(4)符号助记法。无论记忆力多么强的人都不可能把老师讲的话全部记住,听课必须记笔记。无论书写速度多么快的人也不可能把老师讲的话全部记录下来,这就必须借助符号帮助自己记录,以利长期记忆。如重点语句可加波浪线或加三角符号,疑难问题可打问号,只要是方便自己识别的各种有利于记忆的符号都可运用。

(5)要点记取法。成绩优秀的学生听课时,觉得有必要听的内容就认真听;讲到觉得对自己益处不大或自己早已掌握的知识时,会有选择性地做一些自己的练习。

老师讲课时，传递给学生的信息是多方面、多层次的，有时候与教材无关。作为学生，不可能也没必要全盘接收。

只记重点和难点，去掉无用信息是应该的、必要的。抓住要点听和记，比毫无重点地全部听和记，效果要好得多。

有人曾做过实验，将学生分为三组同时收听同一内容的录音带，规定A组全部记录，B组只听不记，C组只记讲授要点。结果A、B两组的学生只记住了全部内容的37%，C组学生却记住了58%。可见抓要点、适当做笔记，效果最好。

（6）主动参与法。实践证明，凡是积极举手发言的学生，其学习成绩相较课堂上表现较为"沉寂"的学生进步更快、成绩更好。一部分学生只是被动地接收信息，老师讲、学生听，学得很被动。课堂听课一定要积极参与、主动学习，思维要随着老师的教学思路走，这样可以保证注意力高度集中，听课效果好。

（7）目标听课法。上新课提前预习时，发现不懂的问题记录下来。上课时带着这些问题听课，就可以做到目标明确、针对性强地吸收知识。预习时弄懂了的，听课时等于又复习了一遍，加深了印象。预习时不懂的，可以认真地听、仔细地听。如果老师讲了还是没有弄懂，你还可以在课堂上及时提问。

（8）质疑听课法。"质疑"即提出疑问。古人说："学贵有疑，小疑则小进，大疑则大进。"人们对于知识的获得、能力的发展，都是在不断地提出疑问中实现的。

听课时，对于经过思考仍未明白的问题，可以及时举手请教，同时如果对老师的讲解和同学的回答有不同看法，也可以提出疑问。

用"质疑"的方法听课可以保证自己始终集中注意力，因为只有认真听讲才能找出提问点。

（9）存疑听课法。听课时，如果有疑难问题，也不一定要马上打断老师讲课，可以暂时记下，等下课后再思考或请教同学、老师。这样既不影响老师的教学计划，也不会因个人纠缠某个问题而耽误大家的课上时间，还可以给自己深入钻研的机会，逐步养成独立思考习惯。

2. 专心听课的习惯

如果课前没有一个"必须当堂掌握全部知识点"的决心，会直接影响到听讲的效果。如果在每节课前，学生都能要求自己"必须当堂掌握全部知识点"，那么，上课的效率一定会大大提高。实际上，有相当多的学生认为上课听不懂没有关系，反正有书，课下还可以看书。抱有这种想法的学生听课时往往不求甚解，或者稍遇听课障碍，就不想听了，结果浪费了上课的宝贵时间，从而增加了课下的学习负担。这大概正是一部分学生产生学习负担的重要原因。

集中注意力听课是非常重要的，因为集中注意力可以让我们的心理活动始终指向听讲，不错过任何一个相关内容；最终集中所有信息，获得一个清晰深刻的理解。如果不能把注意力指向和集中在当前的学习任务上，上课心不在焉，其学习效果必定"视而不见、听而不闻、食而不知其味"。

同时，上课听讲也要理清思路，把老师在讲课时运用的思维形式、思维规律和思维方法理解清楚。其目的是向老师学习如何科学地思考问题，从而使自己的知识领会水平进入更高级的境界，也使自己的思维能力发展建立在科学的基础上。

3. 如何培养孩子良好的听课习惯

（1）端正学习态度。学习态度对于一个孩子来说是很重要的。只有端正了学习态度，才能认真地听课学习，才能提高听课的效率，才能牢记老师的话。所以，只要孩子学习态度端正，那么，学习就不是一个难题。

（2）课前准备。上课前几分钟，孩子应该就把这节课所要用到的书本、练习本、文具等准备好，这样可以节约时间，不会在上课时因为找课本而浪费时间，也不会干扰自己上课听讲。

（3）课前自我暗示。上课预备铃响了之后，孩子应该及时进入教室，安静坐好，在老师来之前，先在心中对自己进行暗示，比如"这节课很重要，我要认真听好"或者"上课认真的学生是好学生，我要做一名好学生"等。

（4）带着问题听课。老师们建议，孩子应该在上课前进行预习。要了解自己对这节课的内容有哪些疑惑的地方，并且带着这些问题听课。这样听课才有效率，才能记住这节课的重点和难点。

（5）一节课的最初 3 分钟。老师上课时，最初的 3 分钟都会用来复习上一节课所教的内容。家长要教会孩子，抓住上课最初的 3 分钟，及时复习上一节课的内容，为今天的这节课打下基础。

（6）跟着老师的节奏。一般情况下，老师讲课都是有特定的思路和节奏的。如果孩子在听课时遇到问题可以先记下来，在课堂上尽量不要深究，而是要跟着老师的节奏继续听课，才不会错过这节课的其他内容。对于上课没有听懂的地方，可以下课后再问老师。

（7）一节课的最后3分钟。老师们在一节课的最后3分钟，会用来总结这一节课的内容。孩子要认真听完老师的总结，掌握这节课的重点，而不是忽略上课最后的3分钟，急着要下课去玩。

（8）5个"到"。教育专家们指出，孩子认真听课需要做到5个"到"：耳到、眼到、口到、手到、脑到。孩子应该集中注意力听讲，用心听讲，眼睛跟着老师走，及时做好笔记，这是养成良好的听课习惯中很重要的一点。

第一周　第五天
做 题 习 惯

做题习惯直接影响考试成绩。平时养成良好的做题习惯——确保题目做得既正确又快速，能保证孩子们在考场上从容应对，考出好成绩。做题习惯与作业习惯有一定关系，但也不尽相同。学生作业包含的内容更多更广，除了做题，有时还有背诵、记忆、书写等内容。把做题习惯单独拿出来作为一项专门训练，就是想培养学生们平时做题的严谨、高效。平时把做题习惯夯实了，考试时就能发挥好，取得好成绩。清华、北大的学生之所以能考出超乎一般人的好成绩，与他们平日里的高质量做题、高效率做题习惯密不可分。

第一部分　课前准备

自我检查 | 发现问题 | 自我反省

自测1：你平时怎么做题？

根据自己平时做题的习惯，如实填写下表。

内 容	选 项			
1. 你认为，每天各科老师布置的需要当天完成的作业多吗？ A. 很多。　　B. 较多。　　C. 一般。　　D. 不多。	A	B	C	D
2. 拿到一道题目，你的第一反应是： A. 赶紧做完，做完我再也不想见到它。 B. 慢慢做，反正有做不完的题。 C. 好好做，做题也是一种复习，是对自己学习成果的一种检测。 D. 无感，每天题目这么多，愁都愁死了。	A	B	C	D
3. 下面哪个习惯跟你平常做题时比较相近？ A. 拿过题就做，做完就对答案。如果对了就OK，做得不对，照着答案改过来，等明天老师讲。 B. 先认真读题，看看是新题（之前没做过）还是旧题（之前做过）；再仔细读题审题，根据题目要求的内容，快速思考这道题的考点（知识点），最终根据题目条件推导出解题思路，完成解题。做完后，检查一遍。拿不准的题目，对一下答案。错了的话，会再花一些时间攻关，轻易不放弃。	A		B	
4. 在解答不同类型的题目时，是否形成自己独特的解题思路和方法？（如做选择题时，常用排除法、代入法、特例法等。） A. 是。　　　　　　　　B. 否。	A		B	
5. 你是否认同：做人看颜值，学生看写字。字迹写得好，对考试成绩有很大帮助。 A. 认同。　　　　　　　B. 不认同。	A		B	

(续)

内容	选项			
6. 你觉得你的字,写得怎么样? 　A. 书法拿过奖。 　B. 抄写经常拿满分。 　C. 字迹一般。 　D. 字写得很丑。	A	B	C	D
7. 平时做题时,你习惯使用草稿本(纸)吗? 　A. 会。 　B. 不会。	A	B		
8. 平时你的草稿本(纸)的使用情况怎样? 　A. 各门功课有专门的草稿本,书写整齐,便于做完题后检查。 　B. 部分学科有专门的草稿本,字迹都很随意、潦草。 　C. 没有草稿本,需要时随手拿来一张,用完就扔。 　D. 没太注意。	A	B	C	D
9. 遇到难题,你一般会怎么做? 　A. 无论多晚也要把它做出来,有成就感。 　B. 先给自己规定个时间,在规定时间内解不出来,会标注"请教老师或同学"。 　C. 遇到难题解不出,立刻看答案,根据答案想一想,想不出来就放那儿,等老师讲。 　D. 不会的题立刻请教(家长/老师/同学)。	A	B	C	D
10. 做题时,你经常用到下面哪些工具(物品)?(可多选) 　A. 草稿本(纸)。　　B. 错题本。 　C. 难题本。　　　　D. 课堂笔记。	A	B	C	D

自测 2：做题习惯检视

根据下表，详细记录自己各个科目的做题习惯，以便接下来改进、提高。

科　目		做题地点	
开始时间		结束时间	
预计用时		实际用时	
做题习惯自测		选　项	
1. 做题前，桌面是否整洁，物品准备是否齐全？		□ 是	□ 否
2. 做题前，是否将本次要做的所有题目整体浏览一遍？		□ 是	□ 否
3. 做题前，是否根据题目的数量、难易程度，给自己设定一个完成时间？		□ 是	□ 否
4. 做题时，是否做到认真读题、审题？		□ 是	□ 否
5. 做题时，是否使用草稿本（纸）？		□ 是	□ 否
6. 做题时，是否严格按照练习的步骤，一步步完成（不跳步）？		□ 是	□ 否
7. 做题时，能否猜得出出题人的考查意图（知识点）？		□ 是	□ 否
8. 做题时，是否能针对不同题型，灵活使用不同方法？		□ 是	□ 否
9. 遇到难题时，是否会抓住不放，忽略了时间？		□ 是	□ 否
10. 做题时，是否容易被外界干扰，写写停停？		□ 是	□ 否
11. 做题时，是否全神贯注，一气呵成？		□ 是	□ 否
12. 每解答完一题后，是否会对照题目检查一下？		□ 是	□ 否
13. 做题时，对于做题情况，是否会做标记，便于返回检查？（如有疑问，则在题目前打个星号等）		□ 是	□ 否
14. 所有题完成后，是否会统一检查？		□ 是	□ 否
15. 是否经常因马虎不能把题目做完美？（如单位遗漏，小数点标错等）		□ 是	□ 否
16. 是否会把错题、难题誊抄到专门的本子上，便于复习？		□ 是	□ 否
17. 做题用时方面，你是经常：A. 在规定时间内完成。B. 超时。		□ A	□ B
18. 总结你的每次做题情况，你是属于：A. 全做对的次数多。B. 每次都有错题。		□ A	□ B

第二部分 正课

按照教材指定地址
学习本节视频课程

状元录

收看视频课"第 5 课:状元的做题习惯",完成下表。

状元分享要点	我的收获
状元分享要点	我的收获

 本节重点归纳

李王子博　清华大学　工程物理系　2019级本科生（高考数学满分）

　　拿到一道题的时候，首先我会整体看一下题目。无论题干长短，我都会认真读题。因为之前我也曾有过因读题错误，从而导致整道题全做错的情况。怎样才叫认真读题？经过实践，我觉得最有效的一个方法是：将题干上的数据或关键词圈起来。这样在解题时，我能时刻回顾这些重点的地方，既节约时间，又能防止遗漏。

　　对于简单的题，我一般采取"战略上藐视，战术上重视"的策略，即使我完全相信自己能够正确地解答，但我也要认真对待。因为错误往往源于掉以轻心，不能因为简单就不用之前所说的读题方法。至于难题，一般都是拉开分数差距的题，它们所包含的知识点较多，因此在解答难题时我会先尽量思考我学过什么，我学过的东西如何能应用到这道题上去。通常，试卷上的题所考查的知识点都是我们学过的，如果基础不错，通过联系题干与知识点，总能解出来。

王宇　北京大学　法学院　2015级本科生　2019级硕士生（高考数学满分）

　　（1）做题之前，复习巩固相关知识点。做题之前，把相关的知识点先回顾一遍，以免在做题过程中还要去翻看笔记，如此能大大提高做题的效率。

　　（2）审题的时候，圈圈点点。为避免审题过程中看错条件或看

漏条件，我一般会选择把重要的条件用笔圈出来或者在图形上标记出来，这能提醒我在做题过程中把每一个条件都用上。而且当我没有思路时，会自行观察这些被我圈出来的条件，把每个条件转化成一个等式关系，这样慢慢就会发现解题思路。

（3）认真对待草稿。我在做题时有个习惯，就是草稿纸像答题纸一样规范，把草稿纸对折分成几个不同区域，每个区域演算几道题，每道题目标上序号，演算的过程从前到后，一步也不落下。

张毅　清华大学　数学科学系　2019级本科生（高考数学满分）

做好一道题的第一步当然是审题。审题不是把题干全部读一遍，这不叫审题，审题是一个筛选信息的过程。边审题边勾画出关键词，同时脑袋里要大概构思，这个题它在考什么，需要哪些知识，要用哪种方法去解决。之后是答题过程，一定要根据已知的知识、公式、工具，一步步有逻辑地推导，直到解出最终的答案。

张晓彤　北京大学　国家发展研究院　2018级本科生（高考数学149分）

首先，要认真读题。永远不要抱着"这个题目读到这里，我已经知道出题人后面要说什么了"这种想法。我就因为这种自以为是的"自信"，付出过惨痛的代价。

其次，做题不要在自己一时不会的地方死磕。平时做题最好要限时，要有一点紧迫感。集中注意力，在规定的时间内完成作业，效果才是最好的。相当于对自己的一次模拟考试、小测验。

第三部分　实践

由知向行 | 知行合一

第一步：反思

根据"状元的做题习惯"，结合自己的做题情况，反思如下问题。

1. 面对每天都要完成的形形色色的各类题目，你怎么看待做题这件事？

  （1）_____

  （2）_____

  （3）_____

2. 你觉得通过做题，可以获得一种什么样的体验？原因是什么？

  （1）成就感。原因是：_____

  （2）愉悦感。原因是：_____

  （3）挫败感。原因是：_____

  （4）无感。原因是：_____

3. 你觉得做题量（多少）与成绩好坏之间有关系吗？你平时的做题量，与班级同龄人相比，处于什么水平（较多/一样/偏少）？

  （1）_____

  （2）_____

  （3）_____

4. 你觉得自己在做题时，哪些习惯是好的，希望继续坚持？哪些习惯不好，需要改变？不好的习惯，你打算怎么改？（具体措施与做法）

  （1）_____

  （2）_____

  （3）_____

 **第二步：改进**

针对自己每天的做题情况，完成"个人做题检测表"，每日坚持总结，助力提升。

记录日期		科　目	
开始时间 （如 19:00）		完成时间 （如 19:30）	
提前 / 超时 （单位：分钟）		提前或超时 原因	
题目总数		初次做对题目数量	
初次做错题目数量		初次不会做题目 数量	
初次完成自评 （满分 100）		完成后是否检查	
自我发现并改正的 题目数量		对照答案后发现和 改正的题目数量	
对照答案依然 不会解的题目数量		解题前是否提前 复习相关内容	
本次题目评价 （难 / 一般 / 易）		本次题量评价 （偏多 / 正常 / 少）	
本次题型评价 （擅长 / 一般 / 弱项）		做题后是否总结 （错题、难题分类）	
观察人确认		观察人评价 （满分 10 分）	

第三步:坚持

(坚持 30 天,养成好习惯)

下面是根据"个人做题检测表"制定的 30 天自查总表,请坚持填写。

各科做题习惯 30 天自查记录表					
序号	日　期	语　文	数　学	英　语	其他科目 (　　)
1	1月1日/周五	良	优	中	优
2	月　日/周				
3	月　日/周				
4	月　日/周				
5	月　日/周				
6	月　日/周				
7	月　日/周				
8	月　日/周				
9	月　日/周				
10	月　日/周				
11	月　日/周				
12	月　日/周				
13	月　日/周				
14	月　日/周				
15	月　日/周				

（续）

各科做题习惯 30 天自查记录表					
序号	日　期	语　文	数　学	英　语	其他科目（　）
16	月　日/周				
17	月　日/周				
18	月　日/周				
19	月　日/周				
20	月　日/周				
21	月　日/周				
22	月　日/周				
23	月　日/周				
24	月　日/周				
25	月　日/周				
26	月　日/周				
27	月　日/周				
28	月　日/周				
29	月　日/周				
30	月　日/周				

第四步：提高（工具箱）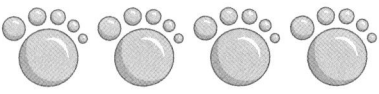

下面的观点、经验和做法，可参照借鉴，助力养成良好的做题习惯。

（一）浅谈小学生做题习惯的培养

1. "应对"考试

（1）审题。在试卷当中，一般都会有一半以上的基础题，即送分题，拿到送分题的关键就是要审清题意。审题的时候，可以拿笔标注出题目条件中的关键词，然后看清楚并着重标记题目问的是什么。

（2）做题策略。试卷中有基础题，自然也有提升能力的题。有些题目很难，很少有人能做对。做题的时候可以有一定的取舍，先做简单的、一定能拿到分的题。保证能够拿到的分数都拿到，然后再去解决难度较高的题。

（3）用草稿纸。我们在孩子每次的考试测验中发现一个普遍存在的问题，就是不会用草稿纸。对于数学学科，草稿纸的使用至关重要。因为，随着数学知识的逐渐深入，计算和验算的步骤会越来越多，使用草稿纸可以帮助我们整理思路和检查。在使用草稿纸的时候，首先，可以先把草稿纸分区域，每个区域针对一道题；然后，可以在上面标上题号，方便有针对性地检查。

（4）检查。前面也提到了检查，检查可以借助草稿纸实现。检查不是光靠眼睛看就可以的，其本质是重新整理思路和重新计算的过程。如果在时间紧张的时候，也不是所有的题都需要检查，可以在做题的时候，把非常确定答案的题做好标记，检查时就可以先跳过这些有把握的题。

做检查时，需要重新审题，再次看清题目条件和问题，然后在草稿纸上找到相应的题，看看思路和步骤有没有问题，把需要计算的环节重新算一遍，对比结果有没有出入。针对逆向思维的题，可以把结果代入题目条件中，再按照正向的顺序计算一遍，看看能不能得到题目给出的结果。如果有两种算出结果的方法，可以用一种计算，用另外一种检查。

2. 错题订正

在拿到批改好的试卷后，首先要做的就是错题的订正。先找到这道题的问题所在，到底是计算错误，还是这个知识点在学习的时候有遗漏。然后在听了老师讲解后，用不同颜色的笔更正在旁边，或者准备一个错题本，把出错的题写在错题本上，并注明这道题的主要知识点，方便日后对薄弱的知识点进行针对性复习。

3. 课后复习

很多之前学生试卷上做过的、差不多的题，再次拿出来做，还是会出现一样的错误。这是因为课后不进行复习是不行的。我们常说"学而时习之"，就是要常常把学过的知识和容易做错的题拿出来，再看看再做做，按照知识点把错题分类，复习多了，自己就可以总结出来同一知识点的做题方法，再遇到这个类型的题目就不会再出错。这样，才可以真正做到融会贯通。

4. 纠正考试不良习惯从平时做起

很多学生有一些共同的问题。一个是考试中,有些同学很难专心集中注意力,而是一边玩着铅笔、橡皮,一边看题目做试卷。这样一来,很容易就会出现错误,而且是会答非所想,经常看着试卷上的数,却想成了另一个数,发生莫名的错误。

另外一个常见问题是考完试以后,不认真检查。很多学生觉得考试只要把题目都写了做了,就行了,不怎么认真检查,即使检查,也是按照自己之前的思路再来一遍,有的同学甚至根本不检查。这样考试,就不可能得到一个满意的成绩。第一遍做完题目,肯定会有一些错误。除了真正不会做的题目之外,还有一部分会做、必须要拿到分的却因为计算错误、马虎而做错。

上述这两种情况,在平时的学习习惯养成中就要严格纠正。比方说,在孩子学习或写作业时,不要让他一边玩东西一边写作业(或者一边做其他事,一边写作业),认真写完作业才能去做其他事,做任何事都这样要求,能提高孩子的注意力,锻炼他集中精神的能力。家长在孩子做完作业之后,不要直接把检查出的错题指出来,可以跟他说有错题,让他自己去检查发现。这样能锻炼孩子检查的能力,同时相当于又做了一遍,巩固所学的知识。

(二) 一位语文老师谈孩子们的做题习惯

1. 学生考试时常见的问题有:

(1) 学生对待考试的态度需要调整。考试是什么?一次检测而已。简单地说就是一次课堂作业,只不过考试这种完成作业的方式和家庭作业有所不同。抱着写作业的态度来考试，心情会放松很多，考试时就不会有太多压力。然而往往有学生会内心害怕，考试时过于紧张，导致不该错的都出错了。

（2）没有认真审题。相当一部分孩子会出现漏题的原因在于没有认真读题、审题，只是下意识答题，没有标画题目关键词的习惯。

（3）不会检查。很多学生考试是一遍过，做完了要么立刻交卷，要么趴在桌上玩。即使老师强调要仔细检查，但学生做的检查往往就是从前向后看一遍试卷，根本查不出问题。即使查出问题，也是一些细枝末节的问题。每次考试结束，孩子们做错题分析时都埋怨自己没有认真检查，可是究竟怎么检查，用什么方法，检查什么，他们心中也没有答案。

2. 针对出现的问题，可从两点入手解决：

（1）培养良好的做题习惯。考试做题前要分三步："一查二写三看"。即拿到试卷后，首先，要仔细检查试卷；接着，要认真地在相应的地方填写班级、姓名；然后，要看看题型，看看整张试卷有哪些题型，有哪些见过哪些没见过，做到心中有数。答题时，按题号做题，不跳题，若是遇到难题不会做，可以先在题号上作标记，做完其他题后再回来看时，可以很快找到，也避免漏题。书写时，要注意字体工整，排版整齐，卷面干净整洁。

（2）养成学会检查试卷的习惯。首先，查姓名、班级；其次，查试卷，一题一题检查，时间允许的话可以将做过的题在草稿纸上再做一遍，若时间不够，可以在心里做做，思考一下。

（三）妈妈自述：做题习惯的重要性和家长应该怎么做

1. 养成下面这些做题习惯，就可以消灭粗心：

- 拿笔读题，对于重点字词，画横线或画圈，读题眼，避免出错。
- 读图数数类，数一个划掉一个，避免重复或遗漏，把数字写在图旁边。
- 题中有算式的，一定要计算出得数，再做题，避免忘记计算出的得数。
- 题中有相关指代的，比如上图中的物品金额、人数等信息，都要写在题上，防止抄错或写错。

这几点说起来简单，但要想变成孩子提笔不忘的要求，需要家长、老师反复强调和督促。我儿子的老师甚至做过没有做题记号，就不批改作业的"警告"，我也有过要求孩子整张卷子重做的经历。

当孩子把要求变为一种习惯，内化于心，外化于行，粗心就不是我们需要关注的重点了。

2. 下面几点是家长需要注意的问题：

（1）孩子写作业，家长陪还是不陪？我的建议是不陪。

其实我也没时间陪。每天回到家，我都会询问孩子作业做完了吗，检查了吗。如果他说做完也检查完了，那就可以收拾书包，干别的事去了。当然，在他睡着后，我会对照作业检查一遍，看有没有漏项，有没有错题，具体原因是什么。如果有错题，我会在第二天早几分钟叫他起床用来改错。这样做的好处是，孩子必须独立思考，不会对父母产生依赖。

（2）家长应该怎么签字？根据我分析多位妈妈的签字习惯得出的结论，一个好的签字应该包括：作业用时、孩子是否自己检查、有没有检查出来的错误、有没有需要和老师沟通的问题，当然还有签名。这样的家长签字可以给老师传递很多信息，比如孩子的做题速度、错误点等，老师也会更有针对性地对孩子进行指导。

（3）作业错误太多怎么办？深夜检查孩子作业的时候，如果错误少或是有知识点没有掌握，我一般不"放大招"。如果连续几天有错误，或者错误过于低级，我会"放大招"：直接联系老师，请求老师的援助。这种情况下，我不会再帮他改错，而是告诉他这几天我只签字，不负责对错。如果老师处罚的话，他只有自己认罚了。往往在这种情况下，他反而更小心谨慎，正确率也会好很多。

（4）定期复习很重要。孩子前学后忘很正常，我的应对措施是每周定点复习。每周日的下午，是雷打不动的复习时间，本周学过的内容都要过一遍，查缺补漏。

（5）错题本的神奇功效。从一年级开始，孩子就在老师的要求下开始整理错题本。语文错题可以按字音、字形、笔顺、组词、标点、句子进行分类，这样的好处是不仅可以看出孩子在哪方面错得最多，最需要加强，更能在考试前看清重点的方向和抓手。数学的做法是抄题，写出错误原因，重新书写正确答案。孩子会跟随复习进度对错题本进行每周更新。

（6）孩子对于写作业这件事的内生动力，决定了写作业的速度。有的妈妈说孩子写作业慢，我是没太体会过这个感受。我的儿子每天6点到家，基本6点半到7点间开始做作业，8点到8点半收工。我和他一起制订了每天的日程表，他给自己安排了满满的计划，比如课外书、英语、跆拳道、钢琴等。我们按照睡觉时间倒推出了最晚写完作业的"Deadline"。写完作业到"Deadline"之间的时间，他可以自由支配，我完全不干涉。这样，他就很有动力早点写完，写完就可以玩他喜欢的玩具了。

孩子的进步离不开他身后敬业的老师和用心的家长，但我认为，仅有一腔热情是远远不够的。对学习有正确认识的同时，也要有好的方法论。教会孩子如何检查、如何做到卷面美观、如何使用草稿纸等等，这比我们大吼大叫有用多了。

第一周　第六天

目前，国内的人才选拔体制还是以考试为主要手段。在这种体制下，考试对任何学生、家庭都意义重大。数据显示：在每位学生小学至大学的学习生活中，参加各类大考的次数不低于330场。这中间，还不包括周考、月考、单科测试、摸底等日常小型测验。虽然我们现在都在讲素质教育、快乐教育，也非常重视学生的自信、自尊培养，殊不知，每次考试成绩的好坏直接影响着孩子们的自信、自尊。抛开考试成绩，单独来谈孩子的自信、自尊和健康快乐成长，无异于缘木求鱼，水中捞月。有些人认为：北大、清华的"学霸"，只是成绩好、会考试罢了，其他能力不一定很强，这是一种偏见。研究发现：这些"学霸"不仅成绩优秀，其他方面也是同龄人中的翘楚。他们普遍学业优秀、兴趣广泛、综合素质较高。而这些都受惠于他们在中小学阶段养成的良好习惯。

第一部分　课前准备

自我检查 | 发现问题 | 自我反省

自测1：你是如何考试的？

回想自己的考试习惯，依据个人实际情况，完成下表

内　容	选项
1. 每次大考之前，老师会安排专门的复习吗？ A. 是。　　　　　　　　B. 否。	
2. 每次考试之前，你会专门安排时间复习吗？ A. 会。　　　　　　　　B. 不会。	
3. 考试前复习，你主要参照哪些资料？（多选） A. 课本。 B. 习题。 C. 难题错题本。 D. 针对掌握不好的内容，进行强化练习。	
4. 考试前，你的作息情况如何？ A. 作息基本不变。 B. 会稍作调整，多点复习时间。 C. 原来的作息时间全乱了，要复习的太多了。 D. 本来作息就不规律，考试就更不规律了。	
5. 考试前，你的心情是怎样的？ A. 兴奋。　　　　　　　　B. 略微紧张。 C. 紧张睡不着。　　　　　D. 平静。	
6. 你认为自己属于下列哪种类型？ A. 考试型，逢考超水平发挥。 B. 紧张型，逢考发挥不佳。 C. 正常型，成绩与自己平常差不多。 D. 失控型，每次考得都很差。	
7. 对于考得好的科目，你觉得原因是： A. 平时练得好，就能考好。　　B. 临考前复习好，就能考好。 C. 老师教得好，就能考好。　　D. 自己喜欢的科目就能考好。	

（续）

内　容	选项
8. 考试用时方面，你属于： A. 每次都能做完题，留给检查的时间也宽裕。 B. 每次考试，刚刚能做完题，很少有时间检查。 C. 多数考试，我的题目都做不完。 D. 很多题目不会，空题很多。	
9. 做试卷时，你会提前准备考试物品吗？如检查笔、草稿纸、计时器等。 A. 会自己准备。 B. 家长会帮忙准备，不用我操心。 C. 看考试重要程度，重要考试会。 D. 从不准备，书包里都有。	
10. 下面哪一项考试习惯，与你的情况比较接近？ A. 提前或准时入场，拿到试卷，先写姓名、班级等信息，开始做题前先浏览试卷，做到心中有数；做题时，按照题目顺序做题，并使用草稿纸，遇到难题，不纠结，先放过，待所有题解完后，再回过头来做；考试时，佩戴手表或携带能看时间的计时器，了解自己的做题速度；实在不会做的题，也不空着，根据条件推导出一些结果放在上面；做完题后，会安排时间检查。 B. 准时进场，填写信息，浏览试卷，看到自己做过的题后，很开心；碰到难题，就有些紧张；考试时间内只能做完题，没时间检查。 C. 准时进场，填写信息，从不会提前浏览试卷；先挑会做的做，不会做的临交卷前蒙个答案。 D. 准时进入考场，但有时候也会借故不参加考试；考试对我来说就是折磨，我都快要放弃了。	
11. 考试成绩出来后，你更看重： A. 成绩排名。　　　　　　B. 是否达到考前目标。 C. 家长态度反应。　　　　D. 老师同学等周围人的评价。	

自测 2：考试习惯检视

针对每门功课的考试情况，如实填写下列表格，用于发现问题，培养良好考试习惯。

考试科目			考试日期	
本次考分			试卷满分	
小题（选择/填空/问答/计算等）失分情况分析					
小题满分			小题失分	
小题失分原因	填空题得分		填空题失分	
	失分原因	☐ 马虎（遗漏单位、小数点等）		
		☐ 草率，以为是熟题，答案也像，随手一填		
		☐ 改错了，原来写对了，后来改错了		
		☐ 不会做，没见过，瞎填		
		☐ 没检查，否则也能查出来		
		☐ 其他原因		
	选择题得分		选择题失分	
	失分原因	☐ 马虎，看错题、漏题、抄错答案		
		☐ 慌张，没仔细审题		
		☐ 概念不清，知识不明，知识掌握不牢		
		☐ 不会做，蒙的		
		☐ 居然没选，我的天哪		
		☐ 其他原因		
	机械题（背诵、默写、计算等）得分		机械题失分	
	失分原因	☐ 马虎，看错题		
		☐ 书写字迹难看扣分		
		☐ 知识记忆不熟，公式概念不清		
		☐ 做题习惯不好，不严谨		
		☐ 其他原因		
大题失分原因分析					
大题满分			大题失分	
大题失分原因（阅读理解/作文/应用题等类似大分题）	题型 01	☐ 原因 1		
		☐ 原因 2		
	题型 02	☐ 原因 1		
		☐ 原因 2		

第二部分　正课

状元的考试习惯

按照教材指定地址
学习本节视频课程

状元录

收看视频课"第6课：状元的考试习惯"，完成下表。

状元分享要点	我的收获

 本节重点归纳

李王子博　清华大学　工程物理系　2019级本科生（高考数学满分）

每次考试来临之前，我都会做充分的复习。我会将知识点大概过一遍，然后再将自己做错的一些比较有代表性的题拿出来看一看。如果还有时间，我会做一些新题，来检验自己的复习成果。如果考试之前没有充分复习，就算知识点掌握得再好，我也会有些许担忧。当我充分复习之后，知识会掌握得更加牢固，会更有信心去面对这一次的考试。

拿到试卷后，我会先大致浏览一下整篇试卷，对这张试卷考查的内容，先大致有个了解。然后，我会看看难题大概分布在哪些地方。这样做，可以保证我先易后难，顺利完成整张试卷。做试卷时，我会坚持一个原则：简单题、中等题要拿到全部分数，难题要争取拿到分数。

王宇　北京大学　法学院　2015级本科生、2019级硕士生
　　（高考数学满分）

考前不要大量刷题。要是题目不会做，你会很慌张，担心考不好；要是题目都会做了，你可能会在真正的考试中掉以轻心。考前，多复习错题本，看看自己以前不会的内容，现在掌握了没有。

考试的时候，我一般会选择从前往后的顺序去做题。遇到超过三分钟没有任何思路的题目，我会搁在一边，先做自己会做的。等

到所有会做的题目都做完了,再回过头来看难题,可能就会有思路了。

张毅　清华大学　数学科学系　2019级本科生(高考数学满分)

考试前最重要的一点,就是准备好一套自己习惯的文具。需要用的,尽量都准备上,千万别出现考场上向其他同学借文具的情况。有条件的情况下,可以多准备一份。写字的笔,最好先写一写,确保出墨正常。除了这些以外,我还会给自己写一张考试安排表,什么时间段做什么事情,做到心中有数。

试卷完成后,我相信自己的第一感觉,不会去检查。但如果还有多余时间,我会再把试卷做一遍,用不同的方法。如果这两种方法得出的结果是一样的,就能确保答案正确。如果不一样,我会仔细地比对,到底是哪种方法出现了问题。

张晓彤　北京大学　国家发展研究院　2018级本科生
(高考数学149分)

曾经,我觉得考试必须有检查这个过程才算稳妥。后来,我渐渐发现,为了留出检查时间,我做题很着急,更容易出现低级错误。检查时,多数时候都是走马观花,甚至将对的题目改成错的。因此,我改变了做法:拿到卷子,先通篇看看,估计一下难度和题量,尽可能用考试时间认认真真做一遍,做完题目还剩一两分钟时间,最后只需检查我的个人信息(写没写好名字、学号等)。这样一遍过,反而成绩好过反复检查。

第三部分　实践

由知向行 | 知行合一

第一步：反思

根据视频课"第6课：状元的考试习惯"，结合自身情况，请做如下反思。

1. 你觉得，要想在考试中考出好成绩，需要做好哪些方面的准备？

（1）_____

_____

_____

（2）_____

_____

_____

（3）_____

_____

_____

2. 对比状元们的考试习惯，你觉得自己哪些方面还需要改进？

（1）_____

_____

_____

（2）_____

_____

_____

（3）_____

_____

_____

3. 你对现在的成绩满意吗？满意的科目有哪些？为什么？不满意的科目是哪些？为什么？

（1）满意的科目：_____

原因：_____

_____

（2）不满意的科目：_____

原因：_____

_____

4. 每次考试，哪几门科目是你花费时间（精力）最多，但成绩不理想，与投入不成正比的？哪几门科目是你花费时间（精力）较少，但成绩却不错，收获超过投入的？对于上述情况，你认为原因是什么？

（1）成绩（收获）与投入不成正比的科目：_____

_____

_____

（2）成绩（收获）超过投入的科目：_____

_____

_____

（3）我的总结是：_____

_____

_____

第二步：改进

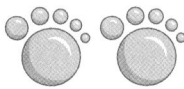

拿出各科的最近一张考卷，进行考试习惯的分析总结，以提高自己的应试能力。

考试科目		考试日期		
试卷满分		本次考分		
失分原因探究				
填空题	总分		失分	
	失分题目	失分原因	是否订正	是否掌握
	01			
	02			
	03			
	04			
选择题	总分		失分	
	失分题目	失分原因	是否订正	是否掌握
	01			
	02			
	03			
其他题型 1 （如：问答题）	总分		失分	
	失分题目	失分原因	是否订正	是否掌握
	01			
	02			
	03			
其他题型 2 （如：作文 / 阅读 / 应用题）	总分		失分	
	失分题目	失分原因	是否订正	是否掌握
	01			
	02			
	03			

 第三步：坚持

根据"试卷分析"，结合状元们的应试技巧分析，每门功课至少分析10张试卷，不断总结、调整自己的应试技巧，制作试卷分析跟踪记录表（见下表），形成良好的考试习惯。

试卷分析		语 文	数 学	英 语	其他科目
第1套	考试类型	☐大考 ☐月考 ☐小测	☐大考 ☐月考 ☐小测	☐大考 ☐月考 ☐小测	☐大考 ☐月考 ☐小测
	分析时间				
第2套	考试类型	☐大考 ☐月考 ☐小测	☐大考 ☐月考 ☐小测	☐大考 ☐月考 ☐小测	☐大考 ☐月考 ☐小测
	分析时间				
第3套	考试类型	☐大考 ☐月考 ☐小测	☐大考 ☐月考 ☐小测	☐大考 ☐月考 ☐小测	☐大考 ☐月考 ☐小测
	分析时间				
第4套	考试类型	☐大考 ☐月考 ☐小测	☐大考 ☐月考 ☐小测	☐大考 ☐月考 ☐小测	☐大考 ☐月考 ☐小测
	分析时间				
第5套	考试类型	☐大考 ☐月考 ☐小测	☐大考 ☐月考 ☐小测	☐大考 ☐月考 ☐小测	☐大考 ☐月考 ☐小测
	分析时间				

（续）

试卷分析		语　文	数　学	英　语	其他科目
第6套	考试类型	□大考 □月考 □小测	□大考 □月考 □小测	□大考 □月考 □小测	□大考 □月考 □小测
	分析时间				
第7套	考试类型	□大考 □月考 □小测	□大考 □月考 □小测	□大考 □月考 □小测	□大考 □月考 □小测
	分析时间				
第8套	考试类型	□大考 □月考 □小测	□大考 □月考 □小测	□大考 □月考 □小测	□大考 □月考 □小测
	分析时间				
第9套	考试类型	□大考 □月考 □小测	□大考 □月考 □小测	□大考 □月考 □小测	□大考 □月考 □小测
	分析时间				
第10	考试类型	□大考 □月考 □小测	□大考 □月考 □小测	□大考 □月考 □小测	□大考 □月考 □小测
	分析时间				

第四步：提高（工具箱）

下面的观点、经验和做法，可以参照借鉴，助力养成良好的做题习惯。

（一）考试，其实就是考习惯

每到考前复习时，老师们最纠结。因为他们知道，平时学习认真的孩子，根本不需要怎么复习，也能考出好成绩；平时学习不认真、学习上漏洞较多的孩子，即使临考复习，仍然意义不大。

大家常强调学习要认真。什么是认真？所谓"认真"，就是你听讲时，要全神贯注；你读书时，读对每一个字；你计算时，算对每一个数；你背单词时，记熟每个字母；你每次写作业时，都能一笔一画；按时学习，从不拖延；发现错误时，立刻改正；订正错误时，绝不敷衍。对于家长，在给孩子的作业签字时，也要认真过问孩子的具体情况，绝不能接过作业顺手一签了事。

老师们纠结的第二个原因在于，大家都明白：讲课，可以传授知识，可以查缺补漏，可以指导方法，可以培养兴趣……但却无法培养良好的学习习惯。

习惯是什么？是长时间养成的生活方式，是逐渐养成而不易改变的行为。习惯的养成需要较长时间，但改变起来也不容易。"习惯"不过二字，做起来却要付出万千，需要长期坚持。

如：每次写生字，都要仔细观察字的笔画；每次拼音，都要看清声母、韵母和声调；每次口算练习，都要严格计时；每次英语发音，都模仿原腔原调；每次学习、跑步、做操、唱歌、画画、跳舞、做实验……都全力以赴，不打折扣、不被"差不多"收买。

长此以往，孩子们就能养成良好的学习习惯。而这些，仅靠学校、老师、课堂练习，是远远不够的。

课堂要求严格的老师，常会遭到家长的误会。很多家长嫌他们"太较真""钻牛角尖"，一些家长认为老师们小题大做，"这多大的事儿""差不多就行"。于是，明明在学校里，老师有严格的要求，一旦放学回到家里，效果就大打折扣。

习惯的养成需要长时间坚持，需要家里、学校一个样。例如：每次拿到新的练习本、每次测验、每次练习的时候，都要工整地写好名字；每次做题时，都要认真读题；面对所有会做的题目，都仔细认真，争取全对；对于拿不准的题目，认真思考、不言放弃；题目做完后，仔细检查；把你平时的每次听讲、每次作业，都当成考试，严阵以待，等等。

只有这样，考试时，你才能驾轻就熟，轻松面对，你才能杜绝忘写名字、漏做题目这类粗心大意的坏习惯，你才能在考试中不留遗憾。

（二）考试只是自我检测的第一步，做好考后分析才是好习惯

1. 考后分析怎么做

随着考试的结束，孩子们的心理难免跟着成绩波动，但是只看分数却不懂分析失分点，就如同走不熟悉的路却不看地图，很难以最少的时间和最简单的途径走到目的地。许多学生和家长也迷茫，这考后分析究竟该怎么做呢？

（1）从逐题分析到整体分析。从每一道错题入手，分析错误产

生的知识原因、能力原因、解题习惯原因等。分析思路是：①这道题考查的知识点是什么？②知识点的内容是什么？③这道题是怎样运用这一知识点解决问题的？④这道题的解题过程是什么？⑤这道题还有其他的解法吗？在此基础上，学生就可以进行整体分析，拿出一个总体结论了。

通常情况下，学生考试丢分的原因大体有三种，即知识不清、问题情景不清和表述不清。所谓"知识不清"，就是在考试之前没有把知识学清楚，丢分发生在考试之前，与考试发挥没有关系。所谓"问题情景不清"，就是审题不清，没有把问题看明白，或是不能把问题看明白。这是一个审题能力、审题习惯的问题。所谓"表述不清"，指的是虽然具备知识、审题清楚，问题能够解决，但表述凌乱、词不达意。研究这三者所造成的丢分比例，用数字说话，就能够得到整体结论，找到整体方向了。

（2）从数字分析到性质分析。要点有三：①统计各科因各种原因的丢分数值。如计算失误失分、审题不清失分、考虑不周失分、公式记错失分、概念不清失分等。②找出最不该丢的5~10分。这些分数是最有希望获得的，找出来很有必要。在后续学习中，努力找回这些分数。如果真正做到这些，那么不同学科累积在一起，总分提高也就很可观了。③任何一处失分，有可能是偶然性失分，也有可能是必然性失分，学生要学会透过现象看本质，找到失分的真正原因。

（3）从口头分析到书面分析。在学习过程中，反思十分必要。所谓反思，就是自己和自己对话。这样的对话可能是潜意识的，也可以是口头表达，最好是书面表达。从潜意识的存在到口头表达是一次进步，从口头表达到书面表达又是一次进步。书面表达是考后试卷分析的最高级形式。所以，建议学生在考试后写出书面的试卷分析。这个分析是反观自己的一面镜子，也是以后进步的重要阶梯。

（4）从归因分析到对策分析。以上分析都属于现象分析，在此基础上，学生就可以进行归因分析和对策分析。三种分析逐层递进：现象分析回答了"什么样"，归因分析回答了"为什么"，对策分析回答了"怎么办"。对此，学生要首先做到心中有数，下面将作详细探讨。

2. 稳扎稳打九字诀

考后试卷分析，学生要牢记九字诀：马上写，及时析，经常翻。

（1）马上写。首先，学生把做错的题重新抄一遍，然后请教老师或同学，详细写出正确过程和答案，主观性试题还应根据老师讲解的解题思路补充齐全。

（2）及时析。及时写出对试卷的分析内容，包含以下两步：①综合评价，即哪些题目做得比较好，哪些题目存在失误。②在纠正错题的基础上，对错题进行归类，找准原因，对症下药。

错误原因一般有三种情况：一是对教材中的观点、原理理解有误，或理解不深、不透；二是对某些题型的解题思路、技巧未能掌握，或不能灵活地加以运用；三是表现在答题时的非智力因素方面，如遇到复杂些的论述题，便产生恐惧心理等，从而造成失误。如果是第一种原因，学生应针对题目所涉及的有关知识要点及原理内容认真地加以复习巩固，真正弄懂弄通。如果是第二种原因，学生应要求自己务必掌握住某一题型的答题要领。无论是哪一类题型，都有答题思路和方法，但关键是对某一特定试题具体作答的"个性"和"特殊性"，只有细心体会，才会有所感悟和提高。如果是第三种原因，学生应在平时训练中，有意识地培养和锻炼自己的应试心理素质，努力克服不良心态，在答题时做到从容不迫、沉着冷静。

（3）经常翻。试卷自我分析写完后，要和试卷粘贴在一起，注意保存。积累多了，可以装订成册。千万不要束之高阁，要经常翻阅复习，以达到巩固知识，加强理解，培养能力，掌握规律的目的。

3. 亡羊补牢不二过

通过考后试卷分析，学生可以从以下几个方面得到收获：

（1）知识上的查缺补漏。所谓查缺补漏，就是找到学习上的薄弱环节，及时采取有效措施进行补充完善，让知识的吸收全面化、系统化、有效化。在试卷分析过程中，通过正确答案和错误答案的对比，学生要重点关注掌握不牢的知识点，而为了巩固这些知识点，除了要复习课本上的基础知识外，还要做好对知识的精细加工，做到举一反三。

可以通过多种方式有效巩固薄弱知识。比如，英语学科可以制作单词卡片，然后将考试中拼错的单词写在卡片上，随身携带，随时复习，提高记忆效率。还可以建立各个学科的"错题本"，尤其是较弱的学科。"错题本"不仅可以汇总错题，还可以将老师讲过的一些典型的例题，思路较为巧妙的、对自己有所启发、让自己有所领悟的例题整理上去。但要记住，平时要及时整理和总结，多看、多思、多问。这样可以快速弥补知识上的漏洞。一本或数本"错题本"记满以后，可以再重新整理，自己会做的可以删去，不会做的可以保留，如此反复，直至完全掌握。

（2）注重学习方法和习惯的调整。考试不仅仅是考查学生对知识的掌握情况，也在检验学生学习方法的优劣和与应试能力的强弱。学生在考试中往往集中暴露粗心、做题方法不对、不会审题、检查不细等方面的不足，弥补这些不足对后面的学习至关重要。学生要端正考试的态度，不能只关注分数，重要的是找到适合自己的高效学习法，养成良好的思维习惯，逐步培养自己的应试能力。要把考试当成检验自己各方面能力的一次机遇。比如，学生平时学习不够踏实认真，容易浮躁，考试时看到自己会做的题目就沾沾自喜，容易掉以轻心，最终失分。这个问题反映出学生的学习习惯与态度不好，要想有针对性地解决，需要在平时注意培养良好的习惯。

一个优秀的学生要具备以下良好的学习习惯：预习与复习；勤于思考与全神贯注；积极融入课堂学习，并做好笔记；多动脑，勤动手；大胆发言，敢于质疑，敢于表达自己的见解；独立完成作业并经常反思。而培养这些好习惯，有以下几个步骤：①培养自己对各个学科的兴趣。②心里要清楚什么是好习惯。③坚持不懈地强化训练，让自己由被动到主动再到自动。

（3）分析自己的付出和收获是否成正比。一般来说，只要平时学习努力，做到考前认真复习，都会取得理想的成绩。但是也有例外：有的同学分数不低，但很有可能是靠投机取巧或吃老本得到的分数；有的同学学习明显比前期努力了，但还是没有考好，这时也不要灰心，而要继续努力，慢慢储备知识，做到厚积薄发。所以，如果考了高分，也不要只是一味高兴，而应和自己的努力情况对比，找老师点评试卷，弄清楚自己的努力和收获。这样，可以让自己持之以恒地努力学习下去。

学习如同长跑，贵在持之以恒。长跑是耐力的比拼，开始跑在前头的，未必能笑到最后，一开始落在后边的，最终也不一定是失败者。

（4）正确对比，增强学习的信心和勇气。最简单的是纵向比较，就是拿本次考试的成绩与上次考试的成绩对照，看是否比上次有进步。不仅从总成绩上比，更要比到细处，具体到每科，细化到每科的知识点。如语文考试，上一次"基础知识与运用"失分较多，这次通过努力失分减少了，这就是一种进步。

另一种是横向比较，即拿自己的成绩跟班级、年级各档次分数线比。举例来说，语文、数学满分150，而自己语文考110分，数学考98分，哪一科考得好？不好判断，因为没有参照物。这时可以把各档次分数线作为参照，通过对比，帮助自己找到相对弱势的学科，及时补救，预防偏科。

通过对比，既要找到自己的不足，也要发现自己的亮点，及时给自己打气，这样才会有信心和勇气继续进步。所以，进行试卷分析时，一定要把亮点找出来，要把进步找出来，要把学习的劲头找出来，把考试当成学习的助推器，让自己更加优秀。

（三）写完卷子，不要检查

小学生才需要检查，中学生都要争取当场写对。因为：

（1）心里想着后面可以检查，写卷子的时候出错概率就会大大提高。如果你有时间对试卷进行检查，表明你完成试卷的时间，大大低于出题老师估算的时间。研究表明：当一个人超出自己的"额定功率"答题，出错率会上升200%到300%，也就是说，如果你平时慢慢写，一张试卷会出1个粗心造成的错误，而当你加快速度去写的时候，大概会出3个以上错误。

（2）检查试卷的时候，人处在精力的最低谷，反而容易改错。检查试卷这件事，一般在考试的中后期，也就是最后20~30分钟。这时候，你的精力处在最低谷，往往会有幻视之类的现象发生。我们经常会听到：有同学的最后某道大题，在最后时刻改错了。这就是最后检查带来的部分副作用——错的没找到，反而由于觉得自己检查了，必须得找到点什么，把一些明明做对的、正确的题目改错了。

（3）检查试卷的心态，会让自己下笔不自信。考试是检查学习效果的水到渠成的过程。但考试训练的是一个人在有限时间内、在高强度压力下完成一项任务的能力。当你有检查的习惯时，其实也就在内心进行着自我暗示：对于在压力下完成考试这项任务，我有些不自信。因为，你觉得自己会做错。

实际上，可以通过平时的训练，限定完成作业任务的时间，通过长期锻炼，克服粗心问题。如：自己在一次性写题的时候，争取每20题或者100题只出一次粗心错误就好。

还有，就是考试时，最好能降低答题速度。保证每一道题完全写对。宁可最后时间不够用，也不要尝试去加速写题。

第一周　第七天

错题本（难题本）

错题本或者难题本，作为学习的补充，常用来记录易错的、反复错的、重点难题等内容，近年来逐渐受到老师及学生们的重视。临考前，翻翻错题、难题，针对自身弱项，针对难点重点、集中火力、重点关照，常能取得较好的复习和考试效果。北大、清华学生在中小学阶段就非常重视对错题本、难题本的整理、归纳和应用，他们在这方面的经验和方法，值得广大在校学生们去学习、借鉴。

第一部分　课前准备

自我检查 | 发现问题 | 自我反省

自测1：我的错题本（难题本）

请根据自身实际情况，选择符合自己的选项。

内　容	选　项			
1. 你平时使用错题本（难题本）吗？ A. 使用。　　　　　B. 不使用。	A	B		
2. 你觉得难题本（错题本）的主要作用是什么？ A. 记录自己经常犯错的题，或重要知识点，便于时常翻看、复习巩固。 B. 就是个记事本，把做错的题记下来即可。	A	B		
3. 下面哪个做法与你当前的情况较为贴近？ A. 我每门功课都有一个错题本（难题本），每次记录、整理都花费我很多时间。 B. 我只是在重点科目上有错题本（难题本），若每门功课都设立错题本（难题本），太占精力了。 C. 哪门功课老师要求，哪门功课才有错题本（难题本）。 D. 我没有错题本（难题本），觉得意义不大。	A	B	C	D
4. 平时，你使用错题本（难题本）的次数多吗？ A. 每天都记录查看。 B. 每隔2~3天记录查看。 C. 出现错题或难题时才记录。 D. 一周一整理。	A	B	C	D
5. 你所在的班级是否要求你们使用错题本（难题本）？ A. 是。　　　　　B. 不是。	A	B		
6. 有人（老师）专门指导你使用难题本（错题本）吗？ A. 有。　　　　　B. 无。	A	B		
7. 你所使用的错题本（难题本）从何而来？ A. 购买（格式本）。　　B. 自制。	A	B		

(续)

内容	选项			
8. 关于错题本（难题本）的使用，下列哪一种描述与你的情况相符？ A. 我会先用一色笔（黑/蓝）把常错、易错的题目抄下来，有些题甚至会把当时的出错过程也记下来，再用另一色（红）笔把正确解题过程写下来，并在旁边标注方法、考点和思路。 B. 只要是错题或难题，我都会在本子上记下来，就算完成了。 C. 应付老师检查，我才记录。 D. 没有错题本（难题本），很少使用。	A	B	C	D
9. 每学期，你的错题本（难题本）的记录页数，大约是： A. 10 页之内。　　B. 30 页之内。 C. 50 页以内。　　D. 超过 50 页。	A	B	C	D
10. 你觉得错题本（难题本）有用吗？ A. 很有用。　　B. 有用。 C. 一般。　　　D. 没用。	A	B	C	D
11. 你周边成绩好的同学，使用错题本（难题本）的情况是： A. 都在用。 B. 部分在用。 C. 少数同学在用。 D. 没人使用或不清楚怎么使用。	A	B	C	D
12. 你有没有借阅过班级成绩好同学的错题本（难题本）？ A. 有。 B. 没有。	A	B	C	D

自测2：错题本（难题本）检视

请根据自己目前错题本（难题本）的使用情况，完成下表。

错题本总数	（　　）本	错题本科目	□语文　□数学 □英语　□其他 _____
难题本总数	（　　）本	难题本科目	□语文　□数学 □英语　□其他
备注	若错题本与难题本为一本，上述表格只需填写一项即可		
错题本（难题本）使用频次	□每天记录翻阅 □每周记录翻阅 □很少记录翻阅	错题本（难题本）主要用途	□考试前复习用； □每日复习用 □只是记下来
错题本（难题本）每次整理时间	□大于1小时 □30~60分钟 □10~30分钟 □10分钟之内	错题本（难题本）整理记录整理习惯	□学校课堂上 □家里作业后 □考试做题后 □上述情况都有
错题本（难题本）格式	□购买的（格式本） □自制的（练习本）	错题本（难题本）字迹颜色	□一种颜色 □两种颜色 □两种颜色以上
错题本（难题本）记录情况	□字体潦草，涂改多 □字体整齐度一般，有涂改 □字体干净，整齐	哪门功课的错题本（难题本）做得最好	□语文　□数学 □英语　□其他
哪门功课的错题本（难题本）做得最差	□语文　□数学 □英语　□其他	错题本（难题本）与学习成绩的关联度	□有很大关系； □有关系 □没关系
错题本（难题本）使用情况自评（满分10分）		观察人评价（满分10分）	

第二部分　正课

状元的错题本（难题本）

按照教材指定地址
学习本节视频课程

状元录

收看视频课"第 7 课:状元的错题本(难题本)",完成下表。

状元分享要点	我的收获

本节重点归纳

田佳轩　北京大学　历史学系　2016 级本科生

  书店出版的错题本，适用于大多数人会犯错的一些常考题。这些常考题，我们只要参考每节课后的配套习题就足够了。错题本还是要从自己出发，自己来制作，不能依赖于他人的错题本。

薛　陈　清华大学　经济管理学院　2016 级本科生

  强烈建议同学们可以从初中甚至小学开始，养成整理错题的习惯。尤其是数学科目，可以把一些经典的错题或者很新奇的错题整理进去，用红笔写清楚自己做错的地方、原因，给自己有效的警示。

李雪丹　北京大学　外国语学院　2017 级本科生

  我高中的时候，为什么又重新做起了错题本呢？原因很简单，因为高中阶段的练习册、试卷实在是太多了，如果都要保存的话，很占空间，也很难整理。考试的时候，想要复习某一知识点、难点的时候，难以在堆积如山的试卷中找到对应的考题，此时错题本的作用和便利性就显现出来了。

付瑞璐　北京大学　新闻与传播学院　2016 级本科生

  什么样的题目，需要被记录到错题本里呢？第一，是易错题。那些经常容易错的题型，我们可以选取其中的典型，记录一道下来，再在它的背面附上答案。第二，是难题。有些题目对我们来讲，超出了认知水平、能力范围。这样的题目，对我们来讲有进步意义。把这样的题目记录下来，能帮助我们突破自己。

李王子博　清华大学　工程物理系　2019级本科生（高考数学满分）

我个人建议在初中阶段就开始培养做错题集的习惯。我只会记录一些有意义的题，"有意义"对于我来说有两种理解：首先，它具有一定的难度；其次，这道题要具有一定的综合性。

王　宇　北京大学　法学院　2015级本科生、2019级硕士生
　　　　（高考数学满分）

我每个科目都有错题本，我觉得学习就是一个从错到对、从不会到会的过程。我觉得只要把错题都掌握了，学习水平就不会太差。做错题本的一个误区，就是很多同学选择抄写参考答案，而不是独立地把这道错题的正确解题过程完整地写在错题本上。只有自己完整地分析出这道题目的解法，才是真会了，否则，下次还是照样错。

张晓彤　北京大学　国家发展研究院　2018级本科生
　　　　（高考数学149分）

我在以前很长一段时间内不喜欢纠错，因为我十分讨厌将错题抄在错题本上的过程。后来发现，我实际上被思维定式影响了——为什么需要抄题目呢？直接从卷子上剪下来错题，不更方便吗？反正我永远没有时间去看自己错题之外的部分，那么，那些卷子就是废纸一张。纠错，重要的不是形式，而是结果，你需要知道的是自己在哪里错过。所以，错题本重要的是方便整理以及下一次查看。

第三部分　实践

由知向行 | 知行合一

第一步：反思

根据视频课"第7课：状元的错题本（难题本）"，结合自身情况，请作如下反思。

1. 听完北大、清华状元分享，你觉得自己在错题本（难题本）使用方面，有哪些地方需要改进？

  （1）_____

  （2）_____

  （3）_____

2. 你觉得你目前针对各门科目设立的错题本（难题本）是否合理？哪些科目需要调整？打算怎样调整？

  （1）_____

  （2）_____

  （3）_____

3. 你的错题本（难题本）是自己制作的（普通练习本改装），还是购买的（市面上售卖的标准格式错题本）？请说一说，你选择自制错题本（难题本），或购买现成错题本（难题本）的理由。

  （1）_____

  （2）_____

  （3）_____

4. 如果，你还没有错题本（难题本），你打算什么时候开始使用？打算首先用在哪门课程上？

  （1）_____

  （2）_____

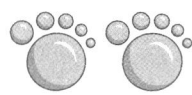 第二步：改进

请根据自身情况，制订"错题本（难题本）使用计划"，每天坚持，养成好习惯。

科 目		错题本（难题本）设想使用日期	
该科成绩目前班级排名	第（　）名	该科成绩目标班级排名	第（　）名
错题本（难题本）每日整理时间段	□ 每晚（完成作业后） □ 午休时间＋每晚（完成作业后） □ 其他时间段	错题本（难题本）主要整理的内容	□ 当天难点 □ 当天错题 □ 思路解法
错题本（难题本）每天翻阅时间	□ 每晚复习时 □ 第二天早读时 □ 该门功课上课前	错题本（难题本）字迹是否工整	□ 是　□ 否
错题本（难题本）格式是否整齐	□ 是　□ 否	错题本（难题本）是否重点突出	□ 是　□ 否
错题本（难题本）是否便于使用	□ 是　□ 否	本科目的错题本（难题本）使用时长	总计（　）天
本科目的错题本（难题本）自我评价（满分10分）		观察人评价（满分10分）	

第三步：坚持

（坚持30天，养成好习惯）

下面是根据各科错题本（难题本）使用情况汇总的30天坚持情况记录表。

各科错题本（难题本）30天坚持情况记录表					
序号	日期	语文	数学	英语	其他科目（ ）
1	1月1日/周五	√	√	√	√
2	月 日/周				
3	月 日/周				
4	月 日/周				
5	月 日/周				
6	月 日/周				
7	月 日/周				
8	月 日/周				
9	月 日/周				
10	月 日/周				
11	月 日/周				
12	月 日/周				
13	月 日/周				
14	月 日/周				
15	月 日/周				

(续)

各科错题本（难题本）30天坚持情况记录表					
序号	日　期	语　文	数　学	英　语	其他科目（　）
16	月　日/周				
17	月　日/周				
18	月　日/周				
19	月　日/周				
20	月　日/周				
21	月　日/周				
22	月　日/周				
23	月　日/周				
24	月　日/周				
25	月　日/周				
26	月　日/周				
27	月　日/周				
28	月　日/周				
29	月　日/周				
30	月　日/周				

第四步：提高（工具箱）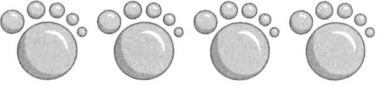

下面这些观点、经验和做法，可参照借鉴，帮你建立高效的错题本（难题本）。

1. 小学、初中阶段：错题本制作及使用方法

很多时候，学生们会遇到这样一种困惑：某些题目，平时都听过、看过、做过，甚至考过，但结果还是不会。这其中，很大一部分原因是，这些错题背后隐藏了知识的漏洞。要解决这些知识漏洞，一个科学有效的错题本就显得非常必要了。

（1）关于错题本。错题本有很多名字，如改错本、查错本或纠错本。错题本的价值在于，帮助孩子在学习过程中将自己经常会出现的问题、习题整理出来，找出薄弱环节，从而进行针对性的练习、复习，让学习变得更有效率。

考试错题收集。尤其是每次考试后，同学们要养成试卷分析的习惯，把当时做错的题目，列入日常必看题库，尤其是正式考试前，必看必做。如果发现某项错题出现的频率极高，而且多次尝试，都无法彻底掌握，则一定要重视起来，可以寻求老师帮助，并重新思考此类错题的解题方法。

（2）错题本要记录什么？使用错题本的目的是把孩子的错误汇聚起来，便于查找，从而克服弱点。所以，错题本上要收集如下题目：①不会做的题；②存在一定疑问的题；③明明会做但老是错的题；④考试经常出现，但每次都不能拿到满意分数的题。

此外，错题本不能只记录错题，更要记录知识考点、解题方法以及错误原因。

（3）错题本的制作。初中以下的学生，建议家长辅助孩子进行错题本内容的记录。可以将错题本记录内容分成两部分，一部分是孩子记录的错题，另一部分是家长辅助孩子用不同颜色的笔标注出的知识点和错误原因，或者家长帮助孩子分析出掌握薄弱的知识点和错误原因后，让孩子独立写出来。

小学阶段，建议学生在三年级以后开始建立错题本习惯。这个年龄段的孩子，记忆已经逐渐成熟，而且也开始逐渐懂事、听话。初中阶段，学生可以独立制作错题本。

（4）错题本的使用。错题本最好每天都拿来翻阅，并在翻阅过程中，加以标注，以增强记忆力。

① 日常改错与周末"改会"。每天看看错题，知道自己哪里错了，从而改正。改正的目的就是改会。一般情况下，记录错题并改错的最佳时间是在发现错题的1小时内。在这个时间段，学生对题目还有较深的印象。至于"改会"这件事，建议放在周末，不影响平时学习，还有充分的空闲时间，孩子们也比较容易接受。

② 错题本不能只是简单的记录和观察。错题本最重要的作用在于让孩子知道自己错在哪里，如果可以，尽量做到没事儿了就拿出来翻翻，增强印象。对于一些涉及重点、难点的题，要做到具体问题、具体分析，而不是所有的题目都用同一种方法去解答。

如果条件允许，可以让孩子多看看班里"学霸"记录的笔记，对照笔记来不断完善自己的错题本，会更有效果。日常遇到难以自学的问题,也建议孩子们多求助老师及同学。

(5)错题本的效果验证。错题本的作用毋庸置疑,但对于每个个体,效果却迥然不同。如何验证自己在错题本使用上的效果?

建议:每月月底,把所有错题(已经改过错的)全部集中起来,整体过一遍,也可以把错题本上的题目整理形成自测试卷,看看自己的掌握程度,权当是一次给自己的考试。

2. 正确记录错题本,远离任何电子类错题本工具

记录错题的方式大致可分为三类:一是在课本或者教辅上做笔记批注;二是装订错题卷,在试卷上做批注;三是使用独立的笔记本,收集错题。

不管哪种方式,都要注意提高效率,不要追求形式。最好不要重复抄写题目,也不要拍照、打印或复印,这两种做法既浪费时间,又不利于第一时间收集整理。

这里推荐六字大法——"撕、剪、贴、拆、装、订"。

(1)"撕、剪、贴",指直接剪贴试卷。既然做完的试卷以后没用了,那还不该撕的撕,该剪的剪,无效的扔掉,只将错题撕、剪下来,贴到错题页上面就行了。要熟练使用固体胶、剪刀,随时随地整理。再说一遍,不要抄题,节省时间。

(2)"拆、装、订",错题页我们可以用活页夹暂存。准备扔掉的参考书里,重要的页面可以拆下来,重要的错题可以剪下来,用活页夹阶段性暂存。如果实在舍不得撕书,可以复印特定内容。

各类错题页,可以阶段性装订成册,加个封面就是错题集。

总之,整理错题本,效率要高!不要追求形式美观,方便复习就行。

这里要特别说明一下,我们鼓励孩子使用纸质错题本,而非电子类错题本工具。为什么呢?归纳起来,至少有如下两方面的原因:

(1)电子工具的干扰。中小学阶段,尤其是小学阶段,是一个孩子心智和品性尚未成熟的时期。电子工具对一个人的自制力有很高要求。电子工具很容易让学习分神。拿起手机、平板,时间就过得很快,绝大部分人都概莫能外,所以必须远离。

(2)电子工具不方便使用。电子工具不方便携带,也不方便任意涂写。虽然有一点统计功能,但是形式大于内容,不如自己总结。而且,总结盘点的过程本身就是对错题、知识点的复习强化,很重要,不必借助外力。

(1)理科(数学、物理、化学)。所有的参考书最终都要"从有到无"。公理体系下,定理和定律都要学会推导,重要知识点都要在理解的基础上记忆,所以,课本、参考书不重要。只需要用"错题卷""错题页"的方式记录下问题就好,A4纸大小,一学期一本。

(2)文科(语文、历史、地理、政治)。语文,就选择课本。历史、地理、政治等学科,在课本基础上,可以增加选择一本主教辅

（如：PASS学霸笔记），所有知识点都在上面进行了归纳总结。复习就用这一两本书，不需要错题本，只需要装订少量"错题卷"，一学期一本。文科最需要学好的是课本，哪怕是课本内容的"边边角角"。把书和主教辅读透，最有效。

（3）英语单科。对于英语，可以选择一本主教辅，作为主要复习材料。同时，准备一个背诵本，随时记录、随时记忆。此外，收集、装订"错题卷"，错题统统归档，一学期一本。

FOLLOW THE EXAMPLE
状元学习法

学习习惯养成计划

30天优质学习素质养成

王 大 明 ◎ 编著
状元工坊 ◎ 组编

英语

机械工业出版社
CHINA MACHINE PRESS

第四周培养计划
英　语

　　无论何时，英语都是考试中当仁不让的主科。想要学好英语需要非常重视细碎知识的积累，因为越是向后学习，查缺补漏就越困难。除了语法知识以外，很难建立完整、系统的框架，日常学习过程就像是在编竹筐，考试则是在打水。不到打水的时候，很难察觉竹筐的哪个部分编织得不结实。清华、北大的状元们一致认为，英语是个需要长期积累的学科，需要从小夯实基础，并且在平时学习中要肯下功夫。

第四周培养计划　英语

目　录

第四周　第一天　英语学科特点与学习方法　　　　　　　　　　/ 001
第一部分　课前准备
自我检查│发现问题│自我反省　　　　　　　　　　　　　　　/ 003
第二部分　正课
状元的英语学习　　　　　　　　　　　　　　　　　　　　　　/ 008
第三部分　提升
我要这样学英语　　　　　　　　　　　　　　　　　　　　　　/ 017

第四周　第二天　英语与记忆　　　　　　　　　　　　　　　　/ 021
第一部分　课前准备
自我检查│发现问题│自我反省　　　　　　　　　　　　　　　/ 023
第二部分　正课
英语与记忆　　　　　　　　　　　　　　　　　　　　　　　　/ 028
第三部分　提升
英语与记忆　　　　　　　　　　　　　　　　　　　　　　　　/ 037

第四周　第三天　英语口语与听力　　　　　　　　　　　　　　/ 043
第一部分　课前准备
自我检查│发现问题│自我反省　　　　　　　　　　　　　　　/ 045

第二部分　正课
英语口语与听力　　　　　　　　　　　　　　　　　／050
第三部分　提升
英语口语与听力　　　　　　　　　　　　　　　　　／058

第四周　第四天　英语阅读理解　　　　　　　　　　／063
第一部分　课前准备
自我检查｜发现问题｜自我反省　　　　　　　　　　／065
第二部分　正课
英语阅读理解　　　　　　　　　　　　　　　　　　／070
第三部分　提升
英语阅读理解　　　　　　　　　　　　　　　　　　／079

第四周　第五天　英语作文写作　　　　　　　　　　／085
第一部分　课前准备
自我检查｜发现问题｜自我反省　　　　　　　　　　／087
第二部分　正课
英语作文写作　　　　　　　　　　　　　　　　　　／092
第三部分　提升
英语作文写作　　　　　　　　　　　　　　　　　　／101

第四周　第六天　英语提分策略　　　　　　　　　　／105
第一部分　课前准备
自我检查｜发现问题｜自我反省　　　　　　　　　　／107

第二部分　正课

英语提分策略　　　　　　　　　　　　　　　　　　　　／ 112

第三部分　提升

英语提分策略　　　　　　　　　　　　　　　　　　　　／ 121

第四周　第七天　英语教辅资料与课外阅读推荐　　　　　　／ 127

第五周　第一天　理想之光　　　　　　　　　　　　　　　／ 133

第一部分　正课

前行者的理想之路　　　　　　　　　　　　　　　　　　／ 135

第二部分　实践

我的理想　　　　　　　　　　　　　　　　　　　　　　／ 137

第三部分　升华

理想保鲜剂　　　　　　　　　　　　　　　　　　　　　／ 140

第五周　第二天　目标管理　　　　　　　　　　　　　　　／ 147

第一部分　正课

前行者的目标征程　　　　　　　　　　　　　　　　　　／ 148

第二部分　实践

我的目标　　　　　　　　　　　　　　　　　　　　　　／ 150

第三部分　升华

目标催化剂　　　　　　　　　　　　　　　　　　　　　／ 154

后记　　　　　　　　　　　　　　　　　　　　　　　　　／ 159

第四周　第一天

英语学科特点与学习方法

英语的知识点繁杂，内容极多，有单词、有短语、有句型。考查的方式有口试、听力、笔试，涉及的题型也很多。英语科目需要从小重视，从基础抓起。很多人偏科，缘由在于小时候基础没有打好，词汇量积累不够。英语学习不同于其他科目，需要长期慢慢积累以及反复大量练习，在很多人看来这个过程有些枯燥。

第一部分　课前准备

自我检查 | 发现问题 | 自我反省

认知测评:我怎么看英语

根据你的认知,针对下表中说法,表达你的观点(在"同意"或"反对"栏内打√)。

序号	说　法	同意	反对
1	英语学习,需要碎片化积累,你可以在等车的时间背几个单词,读几个好句子。		
2	英语学习要注意培养语感,语感来自于日常的阅读、听说之中。		
3	英语只要会听、会说就可以了,语法不要太在意。		
4	英语是语言的学习,越小培养,长大后的获益越明显。		
5	听英文歌,读英语小说,看迪士尼动画,欣赏英剧、美剧等,可以作为我们学习英语的途径。		

(续)

序号	说法	同意	反对
6	学英语需要对这门课感兴趣，兴趣是最好的老师。		
7	背诵、记忆是学习英语的基础能力。单词、句型都需要熟记。		
8	英语不需要太花费时间，临考前突击也能取得不错的成绩。		
9	优秀的英语课文、范文，需全文背诵，以此积累词汇，培养语感。		
10	英语学习要重视课堂听讲和课堂参与，多举手，多在公众前表达。		

学习检视:我的英语学习习惯

根据平时英语学习的实际情况,选择下表中与你较为贴合的选项。

序号	自我检测	选项
1	目前,你的英语成绩如何? A. 优秀。　　　　　　　　B. 良好。 C. 一般。　　　　　　　　D. 较差。	
2	上英语新课之前,你会提前预习吗? A. 会。　　　　　　　　　B. 不会。	
3	你会利用碎片时间(如等公交、回到家后至吃饭前)进行英语学习吗? A. 会。　　　　　　　　　B. 不会。	
4	下列哪些是你的英语强项? A. 单词短语。　　　　　　B. 语法句型。 C. 口试听力。　　　　　　D. 阅读与作文。	
5	学习兴趣方面,你认为自己在英语学习上,属于: A. 非常感兴趣。　　　　　B. 比较感兴趣。 C. 不太感兴趣。　　　　　D. 很不喜欢。	

（续）

序号	自我检测	选项
6	平时你会阅读英文原版书或听英文新闻故事、观看英文电影吗？ A. 每日或每周都会。　　B. 经常。 C. 偶尔。　　　　　　　D. 从不。	
7	英语课堂上，你会积极举手发言吗？ A. 会。　　　　　　　　B. 不会。	
8	英语课本上的单词、词组、课文等，你都背得熟练吗？ A. 都会背。　　　　　　B. 多数会背。 C. 部分会背。　　　　　D. 背得不熟。	
9	你现在（曾经）参加过校外英语辅导班吗？ A. 正参加。　　B. 参加过。　　C. 没有。	
10	所有功课中，你最喜欢的是哪门功课？ A. 语文。　　　　　　　B. 数学。 C. 英语。　　　　　　　D. 其他。	

第二部分　正课

状元的英语学习

按照本教材指定地址
学习本章节视频课程

状元录

收看视频课"第22课:英语学科特点与学习方法",完成下表。

状元分享要点	我的收获

状元锦囊

> 锦囊 1
> 怎样看待英语这门学科

雷瑞清　清华大学　能源与动力工程　2017 级本科生

不论何时，英语学科都是考试中当仁不让的主科。从特点上来说，英语的知识内容繁杂，有单词、有短语、有句型。考查方式也很多样，有口试、听力、笔试，具体的题型也很多。

高灵毓　北京大学　中文系　2016 级本科生

英语经常和语文、政治、历史、地理一起被归为文科。事实上，就学习方法而言，"史地政"应该被分为一类，它们和理科学科一样，都有自己独特的学习方法。而英语和语文，则非常重视细碎知识的积累，越是学到后期，查缺补漏就越困难，除了语法知识以外，很难建立完整、系统的框架。所以，这两门学科需要的是一步步地夯实基础，不仅要在应试之前，甚至还需要在日常生活中多花精力去额外下功夫。

黄晓红　北京大学　城市与管理学院　2016 级本科生

英语这门科目是很多人最早偏科的对象。有的人小时候基础没有打好，词汇量积累不够，那么很可能英语就一直是他（她）的弱项。对于英语好的人，学起来就十分轻松，小时候底子打好了，长大了尤其是进入高中以后，基本就不用再花很多时间在这个科目上面，从而可以给学习数学、物理等科目留出时间。我认为，从小学好英语、打好基础非常重要。

> 锦囊 2
> 英语学科该如何学

雷瑞清　清华大学　能源与动力工程　2017 级本科生

我认为，英语学科有以下几个特点。

第一，选择题多。这是英语考试的统一特点，简而言之，英语考试是偏客观的，不论是单项选择、完形填空，还是阅读题，重点都是从已经给出的语句语段中提取有用的信息。

第二，英语学习既是"碎片"的，又是"整体"的。说它是"碎片"，是说学习英语的时间单位可以压缩到无限小，你可以在等车的时间背两个单词，想几句好句子；也可以在看新闻的时候，随时学到几句；甚至可以在课间时写两个阅读、一个完形填空。说它是"整体"，是说英语学习要重视培养语感。这种语感可以来自任何读、听、说之中，也可适用于一切英语学习的场合。有时候，你不知道具体的语法点，但就是感觉某个答案是对的。这种语感往往要比记忆的知识来得更为精准。

高灵毓　北京大学　中文系　2016级本科生

　　在小学、初中阶段，找到自己学习英语的独特兴趣点。有了这个前提，日后的学习就会事半功倍，甚至还可以探索出只属于你自己的学习方法。现在，用来辅导语言学习的媒介非常丰富。大家或多或少都接触过英文歌、英语小说、迪士尼动画、英剧和美剧等。如果你对其中的一项感兴趣，就可以将它作为你学习英语的捷径。比如，在听歌时关注歌词、看剧时注意英文字幕，甚至模仿演员说经典台词等等。我们通过找到自己的兴趣点，来为自己营造英语学习的氛围，或许还能找到激励自己学习的目标。比如，我在小学阶段学习英语的动力之一，就是希望有一天我能自己读懂《哈利·波特》原版书。

韩冰　清华大学　经济管理学院、工业工程系　2015级本科双学位

　　英语学习注重平时的积累以及灵活应用。时间空间上，要求大家把课内、课外两个维度结合起来。课本中的单词、句子是基础，我们必须要牢牢掌握。学习英语没有什么捷径，就是要多读多练，要熟读甚至能背诵课文，打好学习基础。还有一点，英语学习要敢于张口，可以通过参加"英语角"、兴趣小组等活动，来提升自己张嘴说英语的勇气。

黄晓红　北京大学　城市与管理学院　2016级本科生

　　从背单词做起，基本功一定要扎实。平时，我学习英语其实是比较按部就班的，紧跟老师的步伐，背每一课的单词、语法，然后

写作业，这些就足够了。小学、初中阶段，正是打好英语基础的好时候，我认为非常重要的就是掌握好课内的知识点，然后在考试前做好巩固和复习，这样学习起来会比较轻松愉快。

日常学习中，我主要以碎片化方式学习英语和完成英语作业。我常说"英语学习的时间是挤出来的"，能用碎片化时间学习，就不要过多占用大块的时间。

另外，英语是一门注重归纳的学科，我有三个英语笔记本：一个用来上课跟着老师讲授的内容记笔记，一个是错题本，另外一个是用来积累作文素材的。

积累的作文素材内容包括：优秀的作文范文，要全文摘抄，时不时拿出来阅读；黄金句型和高级表达，这是英语作文取得高分的关键因素之一，可能偶然间看到一个可以替换低级表达的单词，例如用 considerably 替代 very，就把它摘抄下来，时不时翻一翻。事实证明，这种方法让我的英语作文成绩突飞猛进。我的口袋里随时会装着一本微型单词书，只要无事可做了，就拿出来翻一翻，不一定要集中精力去背（小心误了公交车），就算混个眼熟，也是好的。

高灵毓　北京大学　中文系　2016 级本科生

　　英语与其他科目略有不同。在小学、初中阶段，课堂更像是一个练习场。我们要格外重视每一个在课堂上表达与聆听的机会。无论是回答老师的问题，还是同学之间的对话练习，都是日常生活中难得的练习机会，一定不能让它白白浪费。有时候，这种机会本身可能成为我们学习兴趣的来源。比如我小学阶段的英语老师喜欢在课上举办小组竞赛，选出朗读课文最熟练、最迅速且不出错误的同学。当我在第一次比赛中获得了好成绩以后，就获得了学习英语的自信，课堂的投入度也就更高了。

黄晓红　北京大学　城市与管理学院　2016 级本科生

　　初中时，英语老师要求我们把课本上所有的课本都要背诵下来。背课文，真的对英语学习帮助很大。很多家长都会问我，孩子英语学不好，怎么办？怎么解决？其实，非常简单的方法就是先检验一下，随便抽查他课本单词表里面的单词是否已经完全掌握了。如果单词都没有背过，怎么能学好英语呢？英语学习是一个长期积累的过程。可能，你努力地背了一个月的单词，也不见得有多大成效（原因在于你之前欠下很多的单词和语法方面的基础漏洞）。但这时，一定不要气馁，坚持下去，就会有成效。

神思妙招

Tip 01

英语考试是偏客观的。不论是单项选择、完形填空还是阅读题,都是考查你从已经给出的语句语段中提取有用信息的能力。

Tip 02

英语学习要重视培养语感。有时候,我们不知道具体的语法点,但就是感觉某个答案是对的。这种语感往往要比记忆中的知识来得更为精准。

Tip 03

"英语学习时间是挤出来的",能用碎片化时间学习,就不要过多占用大块的时间。

Tip 04

黄金句型和高级表达,是英语作文取得高分的关键因素之一。

Tip 05

英语非常重视细碎知识积累。越是学到后期，查缺补漏就越困难，除了语法知识以外，很难建立完整、系统的知识框架。

Tip 06

小学、初中阶段要找到学习英语的独特兴趣点。有了这个前提，日后的学习会事半功倍。

Tip 07

听歌时关注歌词，看剧时注意英文字幕，甚至模仿演员说经典台词，这样可以使我们在日常娱乐中培养语感。

Tip 08

我们要格外重视每一个在英语课堂上表达与聆听的机会。

Tip 09

课本中的单词、句子是基础，必须掌握。背课文，对英语学习的帮助真的很大。

Tip 10

从小学好英语、打好基础，非常重要。

第三部分　提升

我要这样学英语

汲取清华北大状元经验
反思自我英语学习现状
优化英语学习方法习惯
提升英语学习效率成绩

第一步：反思·我的英语学习

根据自身情况，针对下表说法，在"是"或"否"一栏打√。

序号	内　容	是	否
1	英语是个语言类的学科，需要长期积累。		
2	我很重视英语的学习。每天都会认真预习、复习，保证完成作业。		
3	我喜欢英语。平时，喜欢阅读英语原版书籍，或听、看英语类节目。		
4	课本上的单词、句子、语法等，我都会认真背诵、熟练掌握。		
5	我很重视英语课堂听讲。我会紧跟老师的讲解，认真记笔记，并且勇于举手发言，敢于开口说英文。		

（续）

序号	内　容	是	否
6	我有一个英语知识方面的积累本。我会把优美的词句、好的单词等记在这个本子上，时常打开翻阅。		
7	通常考试前，我在英语复习上花费的时间不多，因为平时学得扎实。		
8	我英语听力、口语很好，这与我常听、敢说，有很大关系。		
9	我英语作文不好，因为平时单词、句型记得少，不大会使用。		
10	我英语成绩不太理想，自己之前在英语上，欠债太多，我需要转变。从今天起，开始背单词、句型、语法，坚持下去，一定会有进步。		

第二步：提升·我的英语学习计划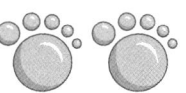

根据下表提示，反思自己英语学习中的各个环节，制订适合自己的英语学习提升计划。

序号	项目	目前情况	提升计划
1	学习成绩	□优 □良 □中 □差	
2	学习习惯	□预习 □听讲 □作业 □复习	
3	背诵记忆	□单词词组 □句型语法 □课文背诵	
4	英语语法	□归纳整理 □习题练习	
5	英语作文	□范文背诵 □专项练习	
6	课外积累	□课外阅读 □积累本	
7	兴趣培养	□听、看英文视听媒介 □课外班	
8	听力练习	□英语音乐 □英语电影、话剧 □训练	
9	口语练习	□课堂练习 □课外练习 □外教辅导	

第四周 第二天
英语与记忆

记忆是英语学习的基石。英语学习的方方面面都是以记忆为基础的。单词要背,句型要背,课文要背,若想将优秀的范文自如应用,也需要背。可当下,背诵却成了不少同学学习英语的最大难关。英语单词、英语语法、英语句型……这些内容到底该怎样背诵?本章节我们将向清华、北大的状元们学习英语背诵诀窍,提升我们的英语记忆能力。

第一部分　课前准备

自我检查 | 发现问题 | 自我反省

认知测评：我如何看英语记忆

针对下列说法，表达你的观点，赞同在"同意"栏打√，不赞同在"反对"栏打√。

序号	说　法	同意	反对
1	记单词需要多背多记。背1遍记不下来就背10遍，10遍不行就100遍。		
2	记单词时，我习惯在单词旁标一个汉字谐音，这便于记忆。		
3	记单词，最好用音标、自然拼读法，按照单词的发音规律来记。		
4	克服遗忘的方法是反复记忆。比如，前两天背过的单词，今天再背一遍。		
5	英语语法不要死记硬背，要建立在理解的基础上。		

（续）

序号	说　法	同意	反对
6	英语背诵时，要手、眼、口全用上，大声朗读，边读边写，强化记忆。		
7	英语课文背诵，要分段背。第一段会了，再背第二段，然后连着背第一、二段，直至全部会背。		
8	英语背诵需要大量的时间，碎片化的时间不利于英语记忆。		
9	记忆是一种天赋。我时常忘记自己所背的单词，是因为我的天资较差。		
10	英语的记忆是有诀窍方法的，比如联想记忆法、谐音记忆法等。		

学习检视：我这样进行英语记忆

根据下表中的内容，选择与你情况相符的一项，在选项前打√。

自检内容	符合选项
1. 你目前就读几年级？	□ 1~3 年级　□ 4~6 年级　□ 初中 □ 高中及以上
2. 你认为英语记忆（背诵）困难吗？	□ 很容易　□ 不难　□ 较难　□ 很难
3. 你专门学习过针对英语记忆的课程吗？	□ 学习过　□ 没有学习过
4. 你的英语成绩在班级内属于：	□ 优秀　□ 良好　□ 一般　□ 靠后
5. 你每天花在英语记忆上的时间：	□ 60 分钟以上　□ 30~60 分钟 □ 少于 30 分钟

（续）

自检内容	符合选项
6. 你认为自己记忆英语的最佳时间段是：	☐ 早上　☐ 下午　☐ 睡前　☐ 其他时间段
7. 你在英语记忆方面，属于：	☐ 擅长型　☐ 一般型　☐ 困难型
8. 考试中，你会因为记忆不牢而失分吗？	☐ 经常失分　☐ 很少失分　☐ 从不失分
9. 在将英语知识记下来之后，你会进行默写检验吗？	☐ 每次都会　☐ 有时会　☐ 从来不会
10. 你经常会背诵哪些英语内容？（多选）	☐ 单词　☐ 词组　☐ 句型　☐ 语法 ☐ 课文　☐ 范文

第二部分　正课

英 语 与 记 忆

按照本教材指定地址
学习本章节视频课程

状元录

收看视频课"第 23 课：英语与记忆"，完成下表。

状元分享要点	我的收获
状元分享要点	我的收获

状元锦囊

**锦囊 1
英语单词记忆**

雷瑞清　清华大学　能源与动力工程　2017 级本科生

单词的特点是：多，而且每个章节的单词之间，完全没有联系。我的应对方法就是：缓进多回头。例如，我要背 100 个单词，那么，我第一天会背 15 个；第二天背 10 个，同时复习第一天的；第三天不背，只复习前两天的；第四天背 10 个，再根据第三天的复习结果，巩固之前没有背牢的……以此类推，原则就是：只要往前推进，就必须回头巩固，重在巩固，即使记熟的单词，复习的时候也要去看看。

高灵毓　北京大学　中文系　2016 级本科生

首先，要改变死记硬背、汉语谐音记忆这些只在短时期内有效的记忆方法。按照音标拼读，是单词背诵的基本方法。大家一定要重视音标、自然拼读法以及发音规律的学习，在英语学习早期，打好基础。除此以外，还可以利用联想记忆、归类记忆。例如，把同一动词的不同短语归为一类、把近义词与反义词捆绑背诵、把同样属于食物或服饰的单词放在一起记忆等。

有了技巧以后，要做的就是用重复抵抗遗忘。可以用"15+20"

的方式,来降低每天的背诵量,同时保证长时间不忘。"15+20"指的是,每天背诵 15 个新单词,同时复习 20 个前两天背过的单词("15+20"中的两个数字,可根据自己的情况调整)。

最后,把经常忘记的单词记在小本子上,每一周或两周做集中复习。背单词、短语,最适合利用碎片时间来完成,可以利用课间背 5 个,等车时背 10 个,等等。这种方式不仅能提高学习效率,还不至于厌烦。

韩冰　清华大学　经济管理学院、工业工程系　2015 级本科双学位

单词要靠音标来背,根据音标拼写单词,单词会背了,默写也就会了。英语中存在大量的同义词背诵,这一块需要你自己进行积极地联想。例如:表达"喜欢"的单词有哪些?切记:不要死记硬背。

黄晓红　北京大学　城市与管理学院　2016 级本科生

单词今天背了,明天还要再巩固,然后两天后再背。车轮式的反复记忆才更加有效,才能形成更加长久的记忆。记忆单词时,一定要根据单词的读音去背诵,单词发音和拼写有一定关系,记住了单词发音,也就记住了拼写。短的单词比较好记,遇到长的单词,推荐大家一定要根据发音进行分段记忆,就是把一个较长的单词分为两三个部分去记,这会让记忆变得简单。

> 锦囊 2
> 英语语法怎么记

高灵毓　北京大学　中文系　2016 级本科生

英语语法是最为系统、最好梳理的，而且可以通过做题得到迅速巩固的。我中学时期的英语老师打过一个很有意思的比方，他认为：学英语语法就像炒青菜，必须一遍过关，尽量不要回锅。

他的这个比喻让我格外重视每一个新接触的语法点，并且会在课后，多留出时间做梳理总结和拓展练习。比如，本周学习了"现在完成时"这个知识点，那么，我就会先利用课堂笔记和语法书，在专门梳理语法点的本子上，记录关键点——动词的过去分词有哪些变化规则、经常和哪些时间状语连用、经典例句有哪些等。

这一步完成后，再做语法专项练习，并在一周后复习错题、用新的习题测试。一般来说，在课堂学习和家庭作业之外完成这些步骤，就能充分掌握一个新的语法点。除此以外，理解是语法记忆的前提。如果在课堂上，发现自己并没有完全理解这个时态该如何应用，那就一定不要急于练习和背诵，要先询问老师和同学，确保自己完全弄懂。

黄晓红　北京大学　城市与管理学院　2016 级本科生

英语语法有些复杂。比如，背诵固定搭配时，可以把比较容易混淆的地方放在一起去记忆;背诵语法时,我推荐的方法是放在语段中去记忆,而不是孤立地去背诵单个语法。

「锦囊 3
英语课文怎么背

雷瑞清　清华大学　能源与动力工程　2017 级本科生

我往往会采用经典的"连珠法"背课文,即先背第一句,再背第二句,再把第一、二句连起来背,接着背第三句,再连起来背前三句,一直这么下去,直到将全篇背下来。要注意的是,英语考试说到底是要用笔来答卷的,所以,背诵课文时一定要关注默写。会写才是真的背下来了,而且要保证每一个单词都写对。所以,背完默写是一个很好的背诵习惯。

高灵毓　北京大学　中文系　2016 级本科生

背英语课文可以采取循序渐进、化整为零的办法。平时练习的时候,不要一开始就背诵大段文章,以免丧失兴趣或者信心。可以先画出阅读材料中的重点句(如有特殊语法点、重要词汇或者表达生动的句子),从重点句着手,锻炼背诵能力。如果老师布置了需要背诵的长篇文章,可以把它拆分成小段落,利用碎片时间一段段攻克。

除了这些基本办法,我还常常使用一种"橡皮擦记忆法"。先用铅笔，抄写要背诵的内容，然后自己圈出能概括句意的关键词汇，在每一遍朗读的时候，都用橡皮擦清除几个自己已经记住的短语或短句，最终，对着自己留下的关键词，复述文章内容。

韩冰　清华大学　经济管理学院、工业工程系　2015级本科双学位

可以先背诵中文意思，然后在脑海里翻译，这样做方便理解课文中的语法结构。

黄晓红　北京大学　城市与管理学院　2016级本科生

课文背诵，其实没有什么好的诀窍，就是熟读成诵，根据对文章的理解去背诵。背诵虽然比较耗费时间，但我认为非常值得，因为直接去背一段文章，不仅可以记住单词、语法，还可以记住它们在什么语境下应用，一举多得。

神思妙招

Tip 01

记忆是英语学习的基石。英语学习的任何方面都是以记忆为基础的。

Tip 02

公交车上、吃饭前、午睡前、课间,利用好一切可以利用的时间,把知识点写在小纸条上,或者写在能装在口袋里的小本子上,时不时拿出来看一看。这些方法我都用过,都很有效。

Tip 03

背完,马上就默写!默写完,马上就打开书自己对照着去更正!

Tip 04

记忆语法知识的时候,最好要有具体的句子、语段甚至文章,这也是英语"语感"的一部分。

Tip 05

学英语语法，就像炒青菜。必须一遍过关，尽量不要回锅。

Tip 06

如果发现自己有没有完全理解的语法知识点，一定不要急于练习和背诵，要先询问老师或同学，确保自己完全弄懂。

Tip 07

背单词与短语，是最适合利用碎片时间来完成的记忆任务。

Tip 08

背诵英语时，要想说得像把英语作为母语的人说得那样流利，就需要在朗读时，达到熟练得几乎不用思考的地步。

Tip 09

单词、语法、课文都需要背诵记忆。其中，课文是在学有余力的情况下再去背诵的内容。

Tip 10

从小要养成根据单词发音背单词的习惯，千万不要一个一个字母去拼写，死记硬背。

第三部分　提升

英 语 与 记 忆

汲取清华北大状元经验
反思自我英语学习现状
优化英语学习方法习惯
提升英语学习效率成绩

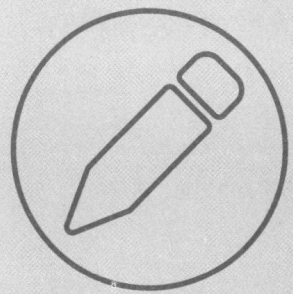

第一步：反思·我的英语与记忆

根据下表陈述，对照个人平时学习情况，在"是"或"否"栏内打√。

序号	现象描述	是	否
1	目前我的英语记忆内容，主要是背诵单词、词组，偶尔背背课文。		
2	我对单词的记忆，主要方法是自然拼读，按单词的发音进行记忆。		
3	我的英语成绩不理想，这跟我平时记忆不牢有关系。		
4	英语是我的优势科目，我喜欢英语记忆，愿意花时间背诵单词、课文。		
5	英语语法是我的弱项，跟我没有彻底搞懂语法点有很大关系。		

（续）

序号	现象描述	是	否
6	除了老师要求背诵的单词、词组、语法之外，我很少背诵课文。		
7	我有一个英语积累本，用来记录我经常记不牢的单词、语法、句型等。		
8	我很少使用碎片时间进行英语单词、词组记忆。		
9	我经常遗忘英语单词、课文等，自己很苦恼。		
10	考试时，我经常因为单词拼错、词组搭配错误而失分。		

第二步：提升·我的英语记忆计划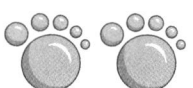

根据下表提示，结合个人情况，有针对性地制订英语记忆计划，以提高学习成绩。

序号	项目	目前现状	改善计划
1	个人英语成绩	□优　□良 □中　□差	
2	英语作业情况	□每次都能高质量完成 □基本能完成 □差不多能完成 □经常完不成	
3	英语基础情况	□优　□良 □中　□差	
4	英语单词记忆量	□多　□适中 □少　□无	
5	英语语法的理解力	□优　□良 □中　□差	

（续）

序号	项目	目前现状	改善计划
6	单词常用记忆法	□ 死记硬背　□ 音标记忆 □ 自然拼读　□ 发音规律	
7	语法常用记忆法	□ 死记硬背法 □ 理解记忆法 □ 语段记忆法 □ 课文背诵法	
8	课文背诵法	□ 化整为零法 □ 橡皮擦记忆法	
9	英语语感培养	□ 反复诵读法 □ 情景联想法	
10	弱项补强	□ 课外辅导班 □ 记忆训练	

第四周　第三天
英语口语与听力

英语口语是英语语感的核心。英语成绩顶尖的学生，很多题目只靠默读，就能读出正确答案。英语听力在考试中占有分数，大家的重视程度较英语口语高出不少。相比英语的读写能力，英语口语、听力的练习方法更难把握。

第一部分　课前准备

自我检查 | 发现问题 | 自我反省

认知测评：我怎么看口语听力

针对下列观点，表达你的看法，认同在"同意"栏打√，不认同在"反对"栏打√。

序号	内　容	同意	反对
1	英语口语的提高方法只有一条，那就是多说。		
2	大声朗读、熟记课本，是日常锻炼英语口语的一种途径。		
3	有人说，练习英语口语就要脸皮厚。大胆表达，说错了也不要在意。		
4	说英语，对发音要求很高，发音读不准，说得再多也没用。		
5	有些同学看了很多英文电影，但英语听力并没有提高多少。		

(续)

序号	内　容	同意	反对
6	提高听力成绩的最好方法就是练听力题。		
7	练习听力,要找一些生词多、词汇量大的文章来听。难的你都能听懂,那些简单的就更不在话下了。		
8	英语口语、听力要从小抓起,越早越好。		
9	英语口语、听力需要坚持,如果每周能坚持4~5天,一个学期后口语和听力水平肯定会有明显提高。		
10	英语是一门语言。学好这门语言的途径之一就是模仿,像以英语作为母语的人们那样说英文。		

学习检视：我的口语听力

阅读下列各题，在符合自己实际情况的选项内，打√。

序号	内容	选项			
1	在英语口语学习上，你的性格属于： A. 外向型，善于表达。 B. 沉稳型，想好再说。 C. 内向型，不善言谈。 D. 混合型，三种情况都有。	A	B	C	D
2	你觉得你的性格会影响你在英语口语方面的提升吗？ A. 会。　　　　　B. 不会。	A		B	
3	平时，你在英语口语方面的锻炼机会多吗？ A. 很多，经常和人说英语。 B. 较多，在学校、家里都说。 C. 一般，只在学校说。 D. 少，只完成作业。	A	B	C	D
4	你通常怎样练习英语口语？ A. 背单词、课文时，大声朗读。 B. 看外语影视剧，模仿人物说话。 C. 找外国人聊聊天。 D. 以上情况都有。	A	B	C	D
5	你练习口语的时间主要集中在： A. 晨读时。　　　　B. 作业后。 C. 周末。　　　　　D. 不固定。	A	B	C	D

（续）

序号	内 容	选 项			
6	你平时练习英语听力的方式有哪些？ A. 听课文录音。　　B. 听英文节目。 C. 听英语歌曲。　　D. 听英语故事。	A	B	C	D
7	你每天都坚持听英语吗？ A. 是的，每天听。 B. 不是，偶尔听。	A		B	
8	在英语听力专项考试中，你的表现如何？ A. 优秀，经常满分。 B. 良好，偶尔失分。 C. 一般，经常失分。 D. 较差，失分严重。	A	B	C	D
9	你会针对英语听力考试，进行专项训练吗？ A. 经常会做仿真题。 B. 会偶尔做仿真题。 C. 考前做做仿真集训。 D. 不会，全凭临场发挥。	A	B	C	D
10	若英语口语听力满分是10，你给自己的打分是： A. 10分。　　B. 8~9分。 C. 6~7分。　　D. 6分及以下。	A	B	C	D

第二部分　正课

英语口语与听力

按照本教材指定地址
学习本章节视频课程

状元录

收看视频课"第24课：英语口语与听力"、完成下表。

状元分享要点	我的收获

状元锦囊

> 锦囊 1
> 英语口语怎么练

雷瑞清　清华大学　能源与动力工程　2017 级本科生

提高英语口语能力别无他法，就是多说。在家里背单词、背课文的时候，出声背，大声朗读，最好有标准的读音来对照。现在，大家都有手机、平板，做到这一点并不难。发声多了，自然就有信心。

另外，我会利用课下一切可以说英语的机会来练习口语。如，看外语影视剧时，模仿剧中人物说话；在学校有和外教交流的机会，一定多交流，其实外教很乐意有同学专门找他聊天。多说，逼着自己开口，开口多了，就有自信，自信有了，自然就愿意多说，口语水平也自然就提高了。

高灵毓　北京大学　中文系　2016 级本科生

我会在每天早上留出晨读时间，一般是 15~20 分钟，足够将一篇 60 个单词的英语小短文反复朗读，直至可以复述出大致内容的程度。熟读，乃至脱口而出，是提高口语能力的基础。在朗读中，要记住一些固定表达，除了培养语感以外，这种方法还有助于矫正发音。

我会选择有示范录音的短文，在初读的两三遍中，尽量还原录音里的语调，自己朗读时，则采用李阳疯狂英语提出的"最大声、最清晰、最快速"的方法：先尽力读得慢速、夸张，把每一个音都发饱满，尤其注意和普通话发音习惯不一样的音节，比如开口度很大的双元音［aʊ］［aɪ］等。然后，再逐渐提高速度，直到语速比示范录音还要略快一些。

韩冰　清华大学　经济管理学院、工业工程系　2015 级本科双学位

英语口语练习，最忌讳的是不敢开口。大家不要怕犯错，每个人都会犯错。英语口语就是从一次次的犯错中逐渐纠正，直至完美表达。平时练习中，可以多和父母分享，得到家人的鼓励对你的口语练习会有很大的帮助。口语练习中，你也可以尝试着录音，听听自己的英语发音，便于纠正、调整、提高。还有，就是要积极参与课堂的互动，争取发言机会。

黄晓红　北京大学　城市与管理学院　2016 级本科生

提高口语包括两方面，一是标准的发音，二是流畅的表达。

要达到发音标准，就一定要多听，大胆地去模仿原声和语调，细抠其中的音标。英语口语和中文说话的区别在于，英语存在抑扬顿挫的语调，对于没有成长在英语环境中的我们，会有些困难，所以一定要大胆模仿。

而流畅表达则需要词汇量、语句的积累，所以背诵课文、有意识地去记忆一些语段就比较重要。最好的方法就是浸入到英语环境

中，如果没这个条件，可以多听磁带、音频。要敢说才行，不敢开口肯定是因为不熟练。课后自己要多练习，熟能生巧，当自己擅长的时候，就敢开口了。

英语口语注重积累和重复，需要一定的恒心。

> 锦囊 2
> 英语听力如何练习

雷瑞清　清华大学　能源与动力工程　2017 级本科生

在课外，可以去看原版的英文新闻片，但是要有英文字幕，注意听到的内容和英文字幕的对照。就课内来说，提高听力成绩的最好方法就是练听力题，按照苛刻的条件去练习。自己练习的时候，不要像考试那样，要提前给自己时间来看题，要刻意培养自己在时间不足的条件下，做听力的能力。通过电脑做题时，刻意将速度调到 1.1 倍，加大练习难度。做完后，错题一定要对照着听力原文重新听，保证每个词都能听明白、听清楚。

高灵毓　北京大学　中文系　2016 级本科生

起床洗漱时、早餐时间以及上学路上、晨读后，我会听听课文录音、英文广播或者英语歌、英语故事之类的内容。不强求自己掌握内容、含义，偶尔捕捉一些关键词句，培养语感就可以。如果每周能坚持 4 到 5 天，一个学期后，口语和听力水平就会有明显提高。如果想要短期内获得提升或在考试前巩固，则需要进行一些专项训练。

听力方面,除了做模拟题以外,我还有一种有些费时但效果很好的训练方法——把听力变成听写,就是选择篇幅比较短、生词比较少的文章(比如以前没有读过的课文),反复播放录音,第一遍不停顿,了解大致意思,第二遍开始每句暂停,写出自己听到的内容,直到把整篇文章基本补充完整为止。这种办法,虽然烦琐,但对于提升听力,非常有效。每个月试着练习一到两次,并逐步挑战更难的文章。

韩冰　清华大学　经济管理学院、工业工程系　2015 级本科双学位

多数情况下,英语听力考试并不难,掌握之后,可以保证一个比较好的分数,非常值得练习。最直接的听力训练方法就是跟读考试题的听力原文。当然,也可以在课外通过听英文歌、看英文动画片或观看英文电影,来提高自己的听力能力,培养兴趣和语感。

黄晓红　北京大学　城市与管理学院　2016 级本科生

听力,是高考英语中能拉开成绩差距的一环。听力好的人,可以轻松做到题目全对,听力不好,则可能会抓耳挠腮,错题很多。所以,英语听力的训练和提升,还是比较重要的。提高听力的方法就是多听、反复听。从短语开始,到短句子,到长句子,再到文章,速度从慢到快,逐渐适应,循序渐进。

神思妙招

Tip 01

学校英语课上,老师往往不重视口语。我们不得不在课下,靠自己来练习和提高口语。

Tip 02

如果不是抱着练习听力的心态去做,那么看英文电影和听英文歌的价值就会下降很多。

Tip 03

提高英语听力成绩的最好方法就是练听力题。

Tip 04

将学习转化成日常生活的方法,就是碎片化的日常练习与定期的专项训练结合起来。

Tip 05

熟读至脱口而出,是提高口语能力的基础。

Tip 06

我在口语方面的专项练习是，按话题总结常用的社交用语，比如问路、指路时常用的问答句等。然后，反复练习并自问自答。条件允许的情况下，我会找一两个同学互相提问，这样效果更好。

Tip 07

在听力方面，除了做模拟题，还有一种有些费时但效果很好的训练方法——把听力变成听写。

Tip 08

不要不敢开口，不要害怕犯错。大家都会犯错，每个人都会犯错。

Tip 09

初高中阶段，我都是通过做题来锻炼听力的，那样更有针对性。毕竟应试和实际日常应用有一定的区别，而且应试听力有一定技巧，可以在做题中总结。

Tip 10

做听力题时，一定要在听语段前看完题目。这样，才能有针对性地听，答题准确度才能更高。

第三部分　提升

英语口语与听力

汲取清华北大状元经验
反思自我英语学习现状
优化英语学习方法习惯
提升英语学习效率成绩

 **第一步：反思·我的英语口语听力**

根据你在英语口语听力方面的实情，结合状元们的分享，完成下列问题。

序号	问　题	回　答
1	你觉得自己目前的英语成绩如何？你认为自己在英语口语和听力方面的能力如何？	
2	根据状元们的分享，你觉得自己在英语口语方面需要进行哪些调整和改进？	
3	根据状元们的分享，你觉得自己在英语听力方面，需要进行哪些调整和改进？	
4	你在英语课堂上的表现如何？下一步想做哪方面的调整以提高自己英语的表达能力？	
5	结合自己每天的固定时间和碎片时间情况，你是否愿意拿出部分时间进行英语听力练习？打算怎么做？	
6	是否考虑过参加类似英语角、外教课等方式，通过大声说、勇于表达，来提升自己的口语能力？	

第二步:提升·英语口语听力计划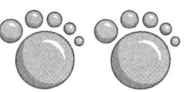

请根据下表的提示内容,结合自身情况,制订符合自己的英语口语听力提升计划。

序号	主项	内容	当前情况	提升计划
1	口语表达	课堂参与		
2		词句朗诵		
3		外教对话		
4		参加活动		
5		专门训练		
6	听力提升	晨读晨听		
7		英文新闻		
8		英文故事		

（续）

序号	主项	内容	当前情况	提升计划
9	听力提升	英文歌曲		
10		课文范文		
11		听力仿真题		
12	基础巩固	心态大胆		
13		基础牢固		
14		发音标准		
15		言语模仿		

第四周　第四天
英语阅读理解

英语阅读理解是考查一个人英语水平高低的重要参照。当前英语考试中，阅读理解所占分值也在逐年加大，需要引起我们的格外重视。除此之外，英语阅读也是贯穿我们小学、初高中阶段的一项必需技能，需从小开始训练。本章所强调的英语阅读大致可分为：非应试阅读（课外阅读）和应试阅读两类，前者是为了提高英语综合素质，后者是为了提升英语考试成绩。

第一部分　课前准备

自我检查 | 发现问题 | 自我反省

认知测评：我看英语阅读理解

根据下列说法，选择适合你的情况，填在"选项"栏内。

序号	内　容	选项
1	与同学相比，你的英语阅读理解能力属于： A. 优秀。　　　　　B. 良好。 C. 中等。　　　　　D. 落后。	
2	你觉得影响英语阅读理解能力的关键因素是： A. 单词。　　　　　B. 词组。 C. 语法。　　　　　D. 句型。	
3	你平时喜欢阅读英文类课外读物吗？ A. 喜欢。　　　　　B. 不喜欢。	
4	平时的课外阅读，你会阅读哪些内容？ A. 英文漫画。　　　B. 英文绘本。 C. 英文短篇。　　　D. 英文原版名著。	
5	你经常使用哪一（几）种英语阅读方法？ A. 精读。　　　　　B. 泛读（粗读）。 C. 专项练习。	
6	英语阅读中遇到生词，你通常会： A. 随时查字典，搞懂意思。 B. 先放过，有时间再查。	

(续)

序号	内　容	选项
7	考试中，你在阅读理解方面的得分情况是： A. 优秀，常常满分。 B. 良好，偶尔失分。 C. 不佳，经常失分。 D. 糟糕，失分严重。	
8	下面两种说法，你更赞同哪一种说法？ A. 考试中做阅读题时，不要先看题目，否则就不能沉下心去读文章，先读一遍文章，然后再看题。 B. 英语考试中的阅读，我一般会先看题目再去读文章，这样带着问题去读，更有针对性，做题也更快。	
9	Tom 为了提高英语阅读能力，在课外阅读了大量的英语阅读材料，可是对课文中的单词、语法、句型等并不熟悉。你赞同他的做法吗？ A. 赞同。 B. 不赞同。	
10	你会针对自己英语阅读部分的薄弱环节，进行大量专项训练吗？ A. 会。 B. 不会。	

学习检视：我的英语阅读理解能力

根据你的实际学习情况，对下表所列各项进行自我评分。

序号	自测项目	具体概念	个人评分（1~10分）
1	单词能力	词汇量（课内单词+课外单词）	
2	语法能力	课堂上老师教授的语法+课外的语法积累	
3	课外阅读量	英语阅读的广度、深度	
4	考试能力	英语总成绩、英语阅读理解单项成绩	
5	阅读习惯	阅读时间、阅读地点、阅读内容、阅读量	

（续）

序号	自测项目	具体概念	个人评分（1~10分）
6	学习能力	阅读中的生词记忆、错题订正	
7	阅读效率	阅读考试的用时，解题正确率	
8	阅读专项练习·做题量	专项练习的强度、频次	
9	阅读专项练习·做题习惯	读题习惯、审题习惯、重点关键词	
10	阅读专项练习·做题技巧	粗读精读、上下文猜词、不同题型解法	

第二部分　正课
英语阅读理解

按照本教材指定地址
学习本章节视频课程

状元录

收看视频课"第25课：英语阅读理解"，完成下表。

状元分享要点	我的收获

状元锦囊

**锦囊1
课外阅读怎么读**

雷瑞清　清华大学　能源与动力工程　2017级本科生

　　课外阅读，不必非要带着学英语的目的。只要读，你的英语阅读水平就会提升。不同目的有不同的阅读方法。要想从一篇材料中找出关键的一句话，就要粗读。

　　我的经验是：粗读时，速度和领略要义是第一位的，在保持较高阅读速度时，每一句话可能会有几个词没完全看懂，但句子的大意能够理解就没问题。这种粗读的方法，我是在读过很多文章之后逐渐养成的。

　　但有时候，我希望体会文章的细节，这就需要我们精读。精读相对粗读来说是比较容易的，我们只需要一个词一个词地读下去，遇到生词去查，或者根据上下文推断。对于精读，我的要求是在把握所需信息的基础之上，尽可能节省时间，这是需要练习的。本来，我只能做到一个词、一个词地读，逐步练习就可以达到更快地扫读的水平，同时还能较为完整地读出每一个细节。这是一个过程，唯有多读，才可以逐渐提高阅读的水平。

高灵毓　北京大学　中文系　2016 级本科生

　　我建议大家根据自己的兴趣选择阅读材料。只有这样，才能坚持下来，并最终养成阅读的习惯。我在小学、初中阶段订阅了《英语街》等双语杂志，也买过《哈利·波特》《傲慢与偏见》、《简·爱》等英文原版读物。睡前翻一翻，看一看，一般是为了阅读完整的情节，也是为了保持阅读兴趣，并不会仔细查每一个生词的含义。只是在理解大意的前提下，圈出一些比较常见的新词汇。等到周末，有大段学习时间以后，再统一查阅词典。

黄晓红　北京大学　城市与管理学院　2016 级本科生

　　大家在保证对课本上的文章能够完全理解之后，为了提高阅读兴趣，可以买一些英文阅读材料。但仍应该以课内为主，因为课文中的单词、语法才是当前最应该掌握的。

　　课外阅读，我一般采取粗读的方式。遇到单词会去查意思，但仅限于理解文章，不会给自己造成太大压力。对于中小学生的日常学习，我建议：每周至少要花 2 个小时做拓展阅读，保证一定的阅读量。初中时，我最喜欢的一套阅读材料叫《书虫》，里面都是一些很有意思的故事，适合小学生和初中生，可以拿来当作课外阅读材料。

> 锦囊 2
> 考试阅读怎么做

雷瑞清　清华大学　能源与动力工程　2017 级本科生

考试中所有的阅读题都是精读题。我在做阅读题的时候，不会先看题目。我的感觉是，如果先去读了题目，就不能完全沉下心去读文章。所以，我一定会先读一遍文章，然后再看题。我的习惯是不管什么题，一定不能凭印象作答，一定要在看完题后，再去看文章，在文章里找到确凿的证据，甚至可以在文章中，把有关证据的句子画出来，然后再去答题。我的这种做法既能保证准确率，又方便检查。

高灵毓　北京大学　中文系　2016 级本科生

针对性训练的前提是找到自己最不拿手的阅读题型，如叙事文、新闻或者表格。还有，就是要审视你的阅读弱项是哪些，是概括大意，还是细节问答，是完形填空中考查的固定短语，还是语法时态，等。

要把握这一点，需要重视日常练习中的错题，订正之后，标注出错题类型，定期总结，对自己常出错的题型进行集中练习。

在初二英语大考中，我最常错的题型是叙事文本后的细节问答。为了放慢做题速度，防止自己根据大致的印象草率选出答案，我会在阅读完题目后，返回原文，找出具体的词句，并把它们圈出来，在最前面标上相应问题的题号。这样一来，检查的时候也能有所参考。

韩冰　清华大学　经济管理学院、工业工程系　2015 级本科双学位

对于英语考试中的阅读理解，我一般是这样操作的。首先，要做"保证正确率和效率"的训练，即给自己规定时间，略读一下文章之后做题，再带着问题，回到原文中去找答案，锻炼考试技巧。一篇文章做完并对过答案之后，可以适当做文章精读。

黄晓红　北京大学　城市与管理学院　2016 级本科生

面对英语考试中的阅读理解题时，我一般会选择先看题目，再去读文章。这样，可以带着问题去读文章，更有针对性，做题更快，而且省去了很多干扰。

还有一个我认为非常好的习惯，就是每次在做题的时候，一定要在文章中标出来每道题的答案出处，标清楚题号。这样，如果做错了，也知道当时是在哪里找的，当时的思路是什么。这是一个很好的习惯，也可以提高准确率。

> 锦囊 3
> 遇到生词怎么办

雷瑞清　清华大学　能源与动力工程　2017 级本科生

在阅读理解考试中遇到生词是不可避免的，甚至有些考试会专门设置题目来考查生词。针对这一点,我的方法是根据前后文进行推断,不必推断出具体的词意,只要能猜出和上下文有关的大体意思就可以了。例如 pasta,我们不必完全推断出它是意大利面,我们只需根据前后文判断出它代表的是某种食物,就不会影响我们做题了。

高灵毓　北京大学　中文系　2016 级本科生

在平时课外阅读中遇到生词时,我并不会仔细查出每一个生词的含义,只是在理解大意的前提下,圈出一些比较常见的新词汇,等到周末有大段学习时间以后,再统一查阅词典。

韩冰　清华大学　经济管理学院、工业工程系　2015 级本科双学位

在日常阅读时,会碰到很多生词或不熟悉的单词,我建议大家做专门的单词积累,分门别类地整理出来。例如,"影响你理解文意的单词""你觉得好像见过的单词"等,都可以记录下来,便于事后复习,记忆掌握。

黄晓红　北京大学　城市与管理学院　2016 级本科生

阅读中遇到不会的单词时,我一定会记下来。这虽然不算是课本上的课内词汇,但在以后的阅读理解题目中,还可能会遇到,因此我一定会查出具体词意,然后记下来,经常去巩固。下次再遇到的时候,就不再是生词了。这个工作在初高中时期一定要坚持做。

 神思妙招

Tip 01

英语阅读可以被鲜明地分为两种:非考试阅读与考试阅读。

Tip 02

不必一定要带着学英语的目的去阅读。只要读,英语阅读的水平就一定会提升。

Tip 03

本来只能做到一词一词地阅读的你,通过训练慢慢就可以更快地扫读,还能完整地读出每一个细节。这是个过程,唯有多读才能实现。

Tip 04

不管什么题,一定不能凭印象作答。一定要看完题后再去看文章,在文章里找到确凿证据,甚至在文章中把有关证据的句子画出来,再去答题。

Tip 05

精读素材,选用课内外练习册中的阅读练习题比较合适。这些文章的篇幅比较短,知识点含量高,很适合反复阅读、整理笔记。

Tip　06

泛读的含义可能比大家想象得更广。听歌的过程中，浏览英文歌词；看电影、电视剧的时候，留意英文字幕；出于好奇，浏览进口商品的说明书；等等。这些都属于泛读。重要的不是形式，而是找到自己真正的兴趣所在，在不伤害求知欲的情况下，坚持摄入知识。

Tip　07

经过错题分析，如果发现自己阅读理解、完形填空经常失分的原因是词汇量不够、对文章大意理解不清楚的话，最好的学习方法还是参照前面所讲的单词记忆、课文背诵方法，从搭建基石开始，提升能力，不要急于做阅读练习。

Tip　08

"影响你理解文意的单词""你觉得好像见过的单词"都建议记录下来。

Tip　09

英语阅读是贯穿小学到初高中的必需技能，在英语考试中占据比较大的分值，需要从小开始锻炼。

Tip　10

要想提升英语考试阅读理解方面的能力，首先要做"保证正确率和效率"的训练。

第三部分　提升

英语阅读理解

汲取清华北大状元经验
反思自我英语学习现状
优化英语学习方法习惯
提升英语学习效率成绩

第一步：反思·我的英语阅读

根据你平时的英语学习情况，结合状元们的分享，反思自身存在的问题。

序号	内　容	反　思
1	你现在就读几年级？你平时喜欢英语这门功课吗？	
2	你们现在的英语考试中，阅读理解所占分值的比重大吗？阅读理解这一项，你的得分情况如何？	
3	你日常的英语阅读资料是什么？每天或每周的阅读量大约是多少（时长/页码）？	
4	你和你的家人重视英语这门功课的学习吗？除了英语课堂的学习，你还参加了哪些课外学习？	
5	你觉得自己在词汇量、语法、英语语感等英语基础方面的能力如何？你觉得英语基础与阅读理解之间有关系吗？	

(续)

序号	内容	反思
6	在做英语阅读理解题目时,你通常的解答习惯是怎么样的?你觉得自己在哪些地方还有改进或提升的空间?	
7	做英语阅读理解题目时,你在做题正确率和时间效率方面,表现如何?	
8	做完一篇阅读理解,尤其是英语考试中的阅读理解题后,你会进行总结、订正错题吗?	
9	在英语阅读理解方面,你有专门的错题本或积累本吗?	
10	你觉得自己擅长(不擅长)做英语阅读理解题的原因有哪些?	

第二步：提升·我的英语阅读计划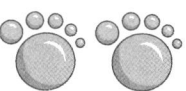

根据状元们的分享，结合自身情况，按照下表的提示，制订你的英语阅读提升计划。

序号	大项	子项	当前状况	提升计划
1	课外阅读	课外阅读量		
2		课外书目选择		
3		每周阅读计划		
4		每周阅读积累		
5		阅读方法锻炼		
6	考试阅读	课本基础知识		

（续）

序号	大项	子项	当前状况	提升计划
7	考试阅读	课本文章精读		
8		阅读专项训练		
9		阅读生词积累		
10		考试习题总结		
11		阅读方法技巧		
12		阅读专题积累本		

第四周　第五天
英语作文写作

英语作文是英语考试中最具魅力的一项考核内容。考查的不仅是学生的词汇量、语法应用、句式搭建，还有学生的英文书写习惯。英语作文的重要性毋庸置疑。但对于如何写好英语作文，每个人的理解、看法都存在着差异。本章邀请大家学习清华、北大状元们的英语作文之道，开启你我英语写作的提升之路。

第一部分　课前准备

自我检查 | 发现问题 | 自我反省

认知测评：我看英语作文

针对下表陈述，表达你的观点，认同在"同意"栏打√，不认同在"反对"栏打√。

序号	内　容	同意	反对
1	书写是英语作文中最重要的内容，直接关系到判卷老师看到作文后的第一印象。		
2	英语作文写不好的原因是缺乏素材、无话可说。		
3	小学英语作文很简单，只要不拼写错误，书写认真，就能拿到高分。		
4	英语作文考试没那么复杂，只要平时多背几套范文，考试时，稍微做些改变，就能拿到比较好的成绩。		
5	英语的思维和表达方式与我们的母语不同，在写作中要多加注意，防止"中式英语"在作文中出现。		

（续）

序号	内　容	同意	反对
6	英语作文的水平高低与日常积累关系很大。		
7	英语作文的好坏评价标准是看谁写得多。		
8	英语作文最容易犯的错误是单词拼写错误和语法时态错误。		
9	英语作文常用的格式是"三段论"：好的开头，有力的结尾，加上丰富的中间内容。		
10	保守是英语作文的大敌。有人害怕出错，不敢使用高级词汇或优美语句。		

学习检视：我与英语作文

请根据你平时英语作文方面的实际情况，完成下表。

序号	问题	答案
1	你现在就读几年级？	
2	英语考试中，你的作文成绩如何？	
3	你觉得平时做好哪些准备，英语作文就能写好？	
4	你的英文字体写得怎么样？平时会刻意练习吗？	
5	你的英语作文经常因为什么原因失分？	

(续)

序号	问 题	答 案
6	英语作文通常有字数要求，每次写作文，你通常会超过字数还是字数不足？原因是什么？	
7	单词拼写、文体结构、语法时态这三项英语作文写作要求中，你认为自己相对薄弱的是哪一项？	
8	你会在平时背诵英语范文，以应付英语作文考试吗？	
9	关于英语作文，你是否专门请教过老师或同学？	
10	英语作文考试时，你有使用草稿纸的习惯吗？	

第二部分　正课

英语作文写作

按照本教材指定地址
学习本章节视频课程

状元录

收看视频课"第26课：英语作文与写作"，完成下表。

状元分享要点	我的收获

状元锦囊

**锦囊1
英语作文如何写**

雷瑞清　清华大学　能源与动力工程　2017级本科生

我一直在考试中采用久经考验的"三段式"结构,即:开头引题,大内容放中间,结尾体现交际功能。三段中,以中间段最长,但前后两段也不宜过短。

写作中,随时注意是否紧扣题目要求。题目所给的关键词句,我会放在各段落的显著位置,如开头结尾,让阅卷老师不花力气就能找得到关键词。这一点是非常重要的。我和老师交流过,真正阅卷时,老师花在每一篇作文上的时间,不会超过十秒钟。一看书写,二看结构,这会占据阅卷老师大约五秒时间。这五秒中,如果没有找到这篇作文中的关键词,阅卷老师就会认定跑题。

高灵毓　北京大学　中文系　2016级本科生

有人觉得,写不出好文章是因为"缺乏想象力",这似乎把写出好文章变成了一件好像要归功于天赋的事情,其实不然。爱尔兰小说家乔伊斯有过一个很精准的判断,他说"所谓想象力就是记忆"。我个人非常喜欢的作家村上春树,也在他的自传中提到"被巧妙组合起来的记忆会具备自己的直觉,它才应该成为故事正确的动力""我们的脑袋里配备着大型档案柜,我一边写小说,一边根据需要拉开相应的抽屉,取出里面的素材,用作故事的一部分"。

黄晓红　北京大学　城市与管理学院　2016级本科生

我认为英语作文取得高分的关键在于逻辑要清晰,因为应试的作文都有定式,要学会使用逻辑连接词与短语,让作文层次分明,老师读起来也更加通顺。平时积累好词好句是非常有必要的,其实考试的作文都是比较相似的,话题可能也会有重复,所以积累好词好句,然后有意识地去应用,争取给自己的作文加分。

⌈锦囊2
作文水平如何提高

高灵毓　北京大学　中文系　2016级本科生

小学、初中阶段的英语作文题目类型非常有限,如果进行适当的归纳与总结,就会将看起来复杂的写作,拆分成简单的模板填空或者重点句拼接。

举例来说,一篇和兴趣爱好有关的英语作文,一般分为四个层次:第一层是爱好的内容,即最初为什么对这件事感兴趣;第二层是与兴趣有关的细节;第三层是从兴趣爱好中收获到了什么;最后一层是与爱好有关的计划或者愿望。

平时准备的时候,可以多读几篇范文,归纳出它一共有几个层次，再对每一层准备两到三个例句，到了考场上，就可以自由拼接组合或者按照句式换词填空。比如，对第三层（兴趣爱好给予的收获），可以事先准备类似于"Books not only tell me many interesting stories, but also teach me to be a better child."这样的例句，可以在实际写作时根据题目要求，在"not only…but also"句式中填空。

黄晓红　北京大学　城市与管理学院　2016 级本科生

提高英语作文的水平可以从几方面来做。

一是经常背诵好的作文，尤其是考试之后答案里面的范文，要拿来读一读、背一背，这也是我初高中的做法。把每一篇范文都背下来，然后去分析、琢磨范文好在哪里，后面自己写的时候，要尽力去模仿，学会主动去提升分数。

二是背高级的、加分的单词和句式，尤其是最近新学的短语、语法。在考试中有意识地去运用，这样，你的作文才有闪光点与加分项。可能一开始用得有些生硬，但当你逐渐熟悉后就好了。用错了也没关系，经过一次错误、老师指正之后，你会对这个知识充分掌握。

> 锦囊 3
> 重视英文书写

雷瑞清　清华大学　能源与动力工程　2017 级本科生

书写是英语作文最为重要的方面，这是改卷老师看到作文后的第一印象，老师在看到书写的一瞬间，实际上已经基本确定这篇作文的分数了。所以，书写练习是准备英语作文中最重要的工作。平常的书写练习可以用字帖去做。考前，一定要在类似考卷上的那种横线上多写一些，以便热身！

高灵毓　北京大学　中文系　2016 级本科生

在大家作文内容、作文水平相近的情况下，整洁的格式和优美的字迹就能发挥出很大优势。我习惯选择和试卷格式基本一模一样的空白本子进行练习。最初练习的时候，我会在横线上方用铅笔轻轻画线，提醒自己每个字母合适的大小，然后模仿字帖范本，纠正自己的书写习惯。一开始会耗费比较长的时间，如果每周练习两到三篇，一个月后，基本就能用正常速度写出字迹整洁的作文了。

黄晓红　北京大学　城市与管理学院　2016 级本科生

一定要练好字，这和语文作文是一个道理。如果你的字写得十分潦草，老师读起来都很费劲，怎么会给你加分呢？只有字写得好看，老师才倾向于给你高分。

在作文考试的时候，我有一个习惯，就是会先在草稿纸上打草稿，经过认真修改后，再抄写在答题纸上。这样可以保证答题纸上不会出现修改的痕迹，更加美观。当然，这也是因为我英语答题的时间比较充足，有足够的时间打草稿。

神思妙招

Tip 01

阅卷老师在看到你书写的一瞬间,已经基本确定了你这篇作文的分数。

Tip 02

阅卷老师花在每一篇作文上的时间不超过十秒。如果五秒内,没有找到这篇作文中的关键词,就会认定跑题。

Tip 03

考试中,我习惯把闪光的词句放在和题目有关的关键词周围,这样起到的作用更好。

Tip 04

所谓缺乏想象力、没有素材,其实是缺乏能够转化为写作素材的阅读积累和背诵。

Tip 05

另一个关键就是要减少细节错误，比如单词拼写错误、时态错误等。

Tip 06

我个人的练字习惯不是描字帖，因为这种方法容易分心，而且无法真正养成习惯，一旦自己在白纸上书写，就又会被打回原形。

Tip 07

素材积累的重点是"会用"，而不是"多"。比如，表达"我喜欢"的句式有很多，但不需要每个都背下来，有几个能用的就可以了。

Tip 08

主动找老师当面批改作文，向老师请教自己的文章有哪些问题。很多同学喜欢盲目地背句式，但最终可能用得不是很对。

Tip 09

关于英语作文的积累，我一般都是直接收集考试后的试卷答案范文，争取读透答案满分范文，并取其精华运用到自己下一次的文章中去。

第三部分　提升

英语作文写作

汲取清华北大状元经验
反思自我英语学习现状
优化英语学习方法习惯
提升英语学习效率成绩

第一步：反思·我的英语作文

根据平时英语作文情况，结合状元们的分享，反思自身问题。

序号	内　容	个人反思
1	你怎么看待英语作文？平时你在英语作文练习方面，投入的时间（精力）如何？	
2	状元们强调，书写是英语作文中的重要一环。你的英文写得如何？下一步，想如何提高英文字体的美观整洁度？	
3	英语作文中，你常遇到的难点是什么？打算如何克服？	
4	单词、词组、语法和句式等是英文写作的基础。你的英语基础如何？你打算如何提高自己的英语基础？	
5	每次英语作文考试后，你会认真总结吗？你会找到类似优秀范文来研究学习，并争取背诵吗？	

（续）

序号	内　容	个人反思
6	你是否储备了不同类型的英文优秀范文，以便在考试时按照要求灵活改动范文，达到英语高分作文的目的？	
7	兴趣是学好英语的前提，积累是写好英语作文的前提。你会在日常积累一些高级词汇、华美语句，以应对考试吗？	
8	平时在英语写作方面，你的练笔机会多吗？你通常会写些什么题材的内容？	
9	英语作文考试中，你觉得你的长项是什么？弱项是什么？	
10	为提高英语作文水平，除了在校学习，你还参加过哪些课外活动（兴趣小组、辅导班等）？	

第二步：提升·我的英语作文计划

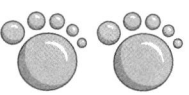

根据下表提示，结合自身所处年级及学习情况，制订个人英语作文提升计划。

所处年级	☐ 小学 ☐ 初中 ☐ 高中	当前英语成绩	☐ 好 ☐ 中 ☐ 差
当前英语 作文水平	☐ 好 ☐ 中 ☐ 差	个人英语基础	☐ 好 ☐ 中 ☐ 差
日常练习	第一步：保持良好的英语学习习惯（预习、复习、听课、作业） 第二步：巩固自身英语基础（单词短语记忆、语法句型使用） 第三步：课本范文背诵（根据当前学习进度，背诵几篇优秀范文） 第四步：书写字体美观整洁（临摹字帖、坚持书写） 第五步：坚持阅读，时常练笔		
作文应试	☐ 应试专项训练。训练不同体裁题型，把握作文开头、中间、结尾 ☐ 应试作文总结。分析试卷，找到范文，熟读背诵 ☐ 应试作文技巧。文章结构、关键词、串联、书写、草稿纸的誊写等		
平时积累	☐ 好词好句积累 ☐ 常错常忘提醒 ☐ 优美句型，高级词汇		

第四周　第六天
英语提分策略

英语学习重视日常积累。英语成绩的提升不是一蹴而就的，需要长时间的坚持。但凡考试，都有其客观规律，英语也不例外。不同学龄段的学生，其所处的英语学习阶段不同，面临的学习任务也不一样，考试所要考核的重点也会存有差异。本章节将和大家一起探讨，不同阶段中小学生的英语应试技巧。

第一部分　课前准备

自我检查 | 发现问题 | 自我反省

认知测评：我这样看英语考试

下表关于英语考试的说法，认同的在"同意"栏内打√，不认同在"反对"栏内打√。

序号	说　法	同意	反对
1	英语重视日常练习和积累。平时认真学习，考试成绩就差不了。		
2	小学、初中阶段，英语的知识点有限，没有必要大量重复做题。		
3	考试前一到两周集中做题，或针对自己的短板专项练习，对考好英语很有帮助。		
4	对多数同学而言，只要掌握好课内的单词和语法，成绩基本就可以达到比较优秀的水平了。		
5	英语考试成绩不理想，很多时候是因为我们对课本、英语课堂学习的利用还不够充分。		

（续）

序号	说　法	同意	反对
6	英语考试没有捷径，只有多练、多做、多听、多读。		
7	英语考试，考得是大家对英文单词的积累与阅读理解的能力。		
8	英语学习需要天赋，有人很擅长，有人不太擅长。		
9	英语考试也是有技巧的，比如如何做听力题，如何做阅读题，这些都需要我们自己总结，并逐渐形成一套我们自己的考试技巧。		
10	平时不努力，考前徒伤悲。英语成绩绝不是一朝一夕就能变好的，需要长期坚持，持续努力。		

学习检视：我的英语考试

根据下表的陈述，结合自己当前实际情况，选择符合你的选项。

序号	内　容	选　项			
1	目前，你的英语成绩在班级内属于： A. 优秀。　　　　　B. 良好。 C. 一般。　　　　　D. 落后。	A	B	C	D
2	你觉得自己当前的英语成绩，归功于： A. 上课认真积极参与。 B. 认真做作业，熟记单词、语法、课文。 C. 优秀的口语听力。 D. 阅读理解能力强。	A	B	C	D
3	在英语学习方面，哪一（多）项是你的薄弱环节？ A. 背诵记忆方面。　　B. 听力方面。 C. 阅读理解方面。　　D. 英语作文。	A	B	C	D
4	除了完成英语作业，你会额外做题进行专项练习吗？ A. 不会。　　　　　B. 会。	A		B	
5	期中、期末等英语大考，你一般花多长时间进行复习？ A. 一个月左右。　　B. 半个月左右。 C. 一周左右。　　　D. 从不复习。	A	B	C	D
6	临考复习前，你会重点复习哪些内容？ A. 听力。　　　　　B. 单词词汇。 C. 错题本内容。　　D. 阅读写作。	A	B	C	D

（续）

序号	内 容	选 项			
7	英语考试时，通常你的做题习惯是什么？ A. 拿到试卷就做，按照顺序一直做下去，直到完成。 B. 先统览全卷，做到心中有数，然后再做题。 C. 先把简单的题目做完，然后再做困难的。 D. 先写作文，作文分多。	A	B	C	D
8	你认为英语难吗？难在哪里？ A. 单词太多，语法时态复杂。 B. 听力很难，听不懂。 C. 阅读理解很难。 D. 作文不好写。	A	B	C	D
9	你的英语阅读量，与同龄人相比： A. 多很多。 B. 多一些。 C. 相当。 D. 较少。	A	B	C	D
10	你对自己的英语学习有信心吗？这个信心来自于： A. 喜欢英语，兴趣是最好的老师。 B. 锲而不舍，虽然目前遇到困难，但阻挡不了我学好英语的决心。 C. 不太有底，自己的基础太薄弱，怕学不好。 D. 已然失去信心了，英语对于我来说就如天书。	A	B	C	D

第二部分　正课

英语提分策略

按照本教材指定地址
学习本章节视频课程

状元录

收看视频课"第 27 课:英语提分策略",完成下表。

状元分享要点	我的收获

状元锦囊

「锦囊1
英语考什么

高灵毓　北京大学　中文系　2016级本科生

英语非常重视细碎知识的积累，需要一步步地夯实，甚至除去应试外需要大量日常生活中的时间去下功夫。所以在讲具体的提分策略之前，我还是想强调，建议大家在小学、初中阶段，首先要找到自己学习英语的独特兴趣点，然后在这个基础上，按照我之前建议的口语听力、阅读理解的训练方法，把碎片化的日常学习和集中专项训练结合起来。做到了这些，分数进步其实是自然而然会发生的事情。

韩冰　清华大学　经济管理学院、工业工程系　2015级本科双学位

英语考试，考的就是你日常的积累。单词积累和文章阅读能力的培养开始得越早越好。英语语法水平也是在你的阅读过程中慢慢巩固和提高的。

黄晓红　北京大学　城市与管理学院　2016级本科生

英语这科要得高分，最基本的就是要掌握好课内的单词和语法。小学及初中阶段能做到这一点，成绩一般就可以达到优秀了。

> 锦囊 2
> 英语提分，平时要做好哪些

高灵毓　北京大学　中文系　2016 级本科生

我更想强调的是，如何提高题型训练的效率。要放弃题海战术，利用课内资源和课外较少的练习，达到提分效果。课本和课堂是最重要的学习资源，但很多时候，我们对它们的利用并不充分。

课文以及课后习题，其实已经囊括了所有重要的知识点，除了熟读熟记以外，还可以在原句的基础上替换词汇或短语，创造新的对话，进行举一反三练习。

英语课堂是难得的练习场，把握发言机会能帮助我们增加学习英语的动力，提升口语水平。即使犯了小错误，也能得到及时纠正的机会，而且这样改正过的错误，绝对比其他方式留下的印象更深刻。

除此以外，同学之间进行对话练习的机会特别容易被浪费，大家要么觉得不好意思，要么觉得无法用英语充分表达，最终常常变成"普通话会话练习"。事实上，即使是一个个单独的词汇往外蹦，也或多或少能有一定的练习效果。而且，聆听他人的表达、为他人纠错的过程，也是难得的练习机会。

韩冰　清华大学　经济管理学院、工业工程系　2015 级本科双学位

"刷题"是一种有效的方法，但一定要注意归纳总结。不能盲目地只是为了做题。我们要选择一些自己觉得难度合适的文章做精读，积累单词、语法，分析整篇文章的行文思路，体会考点。

黄晓红　北京大学　城市与管理学院　2016 级本科生

做题也是必不可少的一个环节。在做题的过程中，查漏补缺、积累总结经验与教训。但应试做题还有很多技巧，要在刷题、做题中寻找规律。每个人对知识的接受程度是不一样的，往往自己总结的才是真正对自己有帮助的。人们都强调题海战术，但是做完大量习题之后，善后工作才是真正让你提升的环节。在题目中，总结失误的地方、没有注意到的知识点等需要格外注意。所以，一定要自己主动归纳、学习、反思自己的失误点。

锦囊 3
考前复习怎么做

雷瑞清　清华大学　能源与动力工程　2017 级本科生

一般来说，我会在正式考试开考前两个小时，进入备考状态。这两个小时就是我做考前复习的时间。

首先，我会先看错题本，大约看半个小时左右，不要过长。

然后，立刻转到英语素材积累本上，看看作文中有可能用到的好句子、好短语、好单词。我会边看边动笔写，顺便练习一下作文考试中的个人书写。

更重要的是，我要用这段时间平静下来，少喝水，插上耳机，听一些舒缓的音乐。

在练习书写的时候，一定要用和答题卡上一样的横线本来写，最大化模拟考场情况。

这些内容大约占据 40 分钟左右的时间。之后余下的时间直到考试开始,我都用来热身听力。最好的方法是找一套听力题,要找那种难度高的,立刻用手机听着做!做完后立刻对答案,然后重新听!直到这段听力材料中每个词、每句话都听得十分清楚为止!

萧灵毓　北京大学　中文系　2016 级本科生

在考试前一到两周内,集中做题、解决短板。第一个步骤,其实是卷面分析。我在初中阶段,非常重视每一次大考或单元考试后的卷面总结,会在订正以后分析错误原因、错题类型。在这个基础上,集中做自己不擅长的题型。并且把试卷也装订起来,在下一次考试之前重复翻看。

韩冰　清华大学　经济管理学院、工业工程系　2015 级本科双学位

考试前,只需要复习基本的句式、语法即可。英语学习关键看平时,贵在长期积累。

锦囊 4
英语考试怎么考

雷瑞清　清华大学　能源与动力工程　2017 级本科生

在提前发卷子这段时间里,我一定会全部拿来看听力题。我会多看那种一个材料有多道问题的听力题,根据问题提前猜测将要

听到什么内容。更重要的是一定要对问题熟悉，这里要注意随时留神广播，听力随时可能开始。做听力的时候要认真，即使听第一遍就把题目做完了，第二遍也要认真听，因为再往后就没有机会检查了。听力中已经完成的题目，绝对不要再修改答案，因为无证可循。

听力之后，我会先把听力答案填涂到答题卡上，不要拖延，因为一次性填涂的答案越多，出错的概率就会越大。最好写完一个大题，或者20道左右的选择题，就要把这些题目的答案填涂到答题卡上。

直到作文，看一眼时间，时间充足，就打草稿！时间不够，也要在草稿纸上，写上梗概。在往答题卡上抄写作文前，一定要保证自己知道要写什么内容。

剩余时间里，我会先检查试卷信息的填写，再检查答题卡的填涂，最后看看作文有没有单词拼写问题等低级错误。然后，安静地整理好，等待交卷。

黄晓红　北京大学　城市与管理学院　2016级本科生

养成好的、适合自己的答题习惯非常重要。在做听力时，先读题目再听材料；在阅读时，先看题目，后读文章，并在文章中，标出每道题的答案；在写作文时，先打草稿，最后誊写到答题纸上。这些都是我认为适合我自己的、正确率较高的答题习惯。你也要在每次考试中总结自己的应试技巧，多做一些尝试。

神思妙招

Tip 01

在练习书写的时候,一定要用和答题卡上一样的横线本来写,最大化模拟考场情况。

Tip 02

提前发卷这段时间里,除了写上名字、学号等,我一定会全部拿来看听力题!别的不要去想!而且我会多看那种一个材料内有多道问题的听力题,我会根据问题,提前猜测将要听到什么内容。

Tip 03

听力中已经完成的题目,绝对不要再修改答案。因为,无证可循。

Tip 04

答案卡上一次性填涂的答案越多,出错的概率就会越大。

Tip 05

老师在课内布置的阅读理解文章很适合做日常精读材料。可以在做完练习以后,把文章和题目中的生词都圈出来,把平时写作可能用得到的或者题目中常常出现的短语记录在专门的本子上。然后,画出一两个重点句进行背诵。还可以把它用作晨读的素材,练习口语和发音。

Tip 06

考试前,复习基本的句式和语法即可,英语贵在长期积累。

Tip 07

做完大量的题目之后,善后工作才是真正让你提升的环节。对题目中失误的地方、没有注意到的知识点,进行归纳总结。一定要善于总结,反思自己的失误点。

Tip 08

考试前,只要背背好词好句,看一看错题本,就可以了。平时工作做到位后,考前一般都会比较放松。

第三部分　提升

英语提分策略

汲取清华北大状元经验
反思自我英语学习现状
优化英语学习方法习惯
提升英语学习效率成绩

第一步：反思·我与英语考试

根据你平时的英语考试情况，结合状元们的分享，回答下列问题。

序号	问 题	回 答
1	反思本学期所学英语知识，哪些内容对你而言比较简单？哪些内容对你而言比较困难？简单的原因是什么？难点在哪儿，原因是什么？	
2	对于英语学习，你有总结、归纳、整理的习惯吗？这个工作，你一般会放在什么时间完成？如何进行？效果如何？	
3	最近几次英语考试，你对自己的成绩满意吗？每次考试结束后，你会对试题进行分析、归纳、总结吗？	
4	日常学习中，你在英语上花费的时间有多少？这些时间是怎么安排的？你觉得自己在英语学习上的投入够吗？并阐述原因。	
5	你觉得当前对你英语学习或成绩提升方面的最大干扰（影响因素）是什么？听完状元们的分享，你找到克服这些干扰的办法了吗？	

(续)

序号	问题	回答
6	状元们在分享中提到,碎片化学习是提高英语成绩的可行途径。下一步,你打算如何利用碎片化时间来学习英语?	
7	平时,你在英语课堂上的参与度如何?听课效率如何?你会做课堂笔记吗?会举手发言吗?	
8	状元们都提到,英文字体书写的美观与否对英语成绩影响较大。对于这种观点,你怎么看?你的英文书写怎么样?有没有练好英文字的计划?打算怎么做?	
9	你对你的英语成绩有什么样的期望(分数、排名)?要实现这个目标,你需要在哪些方面进行调整?下一步有什么打算?	
10	英语成绩与平时积累有关。听完状元们的分享,你觉得自己在英语方面的积累如何?下一步,打算在积累方面做哪些调整?	

第二步：提升·英语提分专项计划

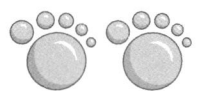

参照下表，结合自己的实际情况，制订你的英语提分计划。

序号	大项	子项	自我审查	针对性提高计划
1	课内学习	基础知识整理	单词词汇 语法句型 课文背诵	
2		试题总结强化	试卷分析（失分/难题） 考点难点汇集 仿真试题（练习、纠正） 难题本/错题本	
3		专项能力强化	听力口语专项练习 词汇语法单项练习 阅读理解单项练习 英语作文单项练习	
4		英文书写	目标计划（字帖选择、练字安排）	

（续）

序号	大项	子项	自我审查	针对性提高计划
5	课外积累	听力口语	每日听力计划（时间、内容） 每日朗诵计划（时间、内容） 课外活动（英语角、辅导班）	
6	课外积累	课外阅读	阅读书目（书名） 阅读计划（泛读／精读；具体安排） 每日／周阅读（计划细分）	
7	课外积累	兴趣培养	阅读趣味书籍 与外国人聊天（外教课） 广泛接触英语音乐、电影、话剧 家长的肯定与鼓励	

第四周 第七天
英语教辅资料与课外阅读推荐

精益求精 中小学阶段清北状元使用过哪些英语教辅资料

耳濡目染 中小学阶段清北状元阅读过哪些经典课外图书

状元推荐：英语教辅资料

雷瑞清　清华大学　能源与动力工程　2017 级本科生

小学时期，因英语基础相对较弱，所以选择了《教材全解》。这是一本相对基础的教辅。内容涵盖全面，对于在课堂上跟不上老师节奏和进度的同学，帮助很大。《教材全解》详细梳理了课本中包含的考点。按照这本书的内容去详细地复习，完全可以达到考试要求的广度。小学阶段，这本书对我的价值甚至高于课本。

初中时期，我用得较多的教辅是《5 年中考　3 年模拟》系列。这是因为它不仅有讲解，而且针对每个重要知识点都配有较多习题，答案详尽，是我英语作业完成后非常好的习题补充和经验提升工具。

韩冰　清华大学　经济管理学院、工业工程系　2015 级本科双学位

教辅推荐《5 年中考　3 年模拟》和《教材全解》。另外，不光是英语，很多科目我都建议大家去购买自己所在城市的考试真题，如小升初真题、中考真题。地区不同，难度可能会不一样。

高灵毓　北京大学　中文系　2016 级本科生

推荐《李阳疯狂英语》的小学英语口语系列或者口语突破系列，它非常强调发音的正确性，会纠正中国学生初学英语时候的一些发音误区,而且文章篇幅较短,知识点密集,很适合做晨读材料。

黄晓红　北京大学　城市与管理学院　2016级本科生

小学阶段,我用的教辅是《黄冈小状元》,题出得比较有意思,有简单题,也有难题,在保证趣味性的同时,能够帮我学到好多知识。我每学期都会将《黄冈小状元》与课本配套使用。但我不会做太多的习题,因为小学的知识还比较简单,培养学习兴趣较为重要。

初中时,我用的教辅是《5年中考　3年模拟》,里面的题目权威可信,把近几年的中考真题汇总出来。题目难易合适,可以用来检验自己对课内知识的把握程度。我一般都是在写完作业以后用多余时间完成的。题目做多了,速度也就上来了。

状元推荐：英语课外阅读书目

书籍名称：《大猫英语分级阅读》

适合年龄：小学生

推 荐 人：雷瑞清（清华大学　能源与动力工程　2017级本科生）

推荐理由：这套丛书有很多级别，每一级都有很多本，而且配有音频光盘。书中既有配图，又有文字，十分有趣。小学时，我常常读得爱不释手。建议同学们按照年级和自己的水平，选择相应级别的套件来阅读。对于扩展视野，提升英语阅读和听力能力十分有帮助。

书籍名称：《书虫·牛津英汉双语读物》

适合年龄：初中生

推 荐 人：雷瑞清（清华大学　能源与动力工程　2017级本科生）

高灵毓（北京大学　中文系　2016级本科生）

黄晓红（北京大学　城市与管理学院　2016级本科生）

推荐理由：这套书将世界名著用较为简单的英语重新改写，配有中文翻译，还有不同级别，适合不同英语水平的学生。"我初中时，许多世界名著都是通过'书虫'系列来阅读的，既对语文学习有帮助，又极大提升了我的英语阅读量和阅读水平"（雷瑞清）；"这是我最喜欢的英语课外书，也是外研社和牛津大学出版社奉献给广大英语学习者的一大精品，内容有趣，故事生动活泼，语言纯正，适合不同阶段的中小学生，由简入难，非常适合作为课外读物"（黄晓红）。

书籍名称：《迪士尼英语分级读物》

（迪士尼　著）

适合年龄： 中小学生

推 荐 人： 高灵毓（北京大学　中文系　2016级本科生）

推荐理由： 按照词汇难度分级，会标明适合什么年龄段的学生，有关键词的解释和少量练习题。配有录音，可作为听力练习的素材。趣味性强，曾拍成精彩的电影，可以作为培养英语学习兴趣的入门书籍。

书籍名称：《哈利·波特（英文原版）》

（［英］J. K. 罗琳　著）

适合年龄： 中学生

推 荐 人： 高灵毓（北京大学　中文系　2016级本科生）

推荐理由：《哈利·波特》是我在小学阶段学习英语的动力之一，希望有一天我能读懂《哈利·波特》原版书的愿望一直激励着我。即使不是出于个人爱好，我也很希望向大家推荐这个系列。一方面，作者J. K. 罗琳本来的写作对象就是英国的小朋友，尤其是前两册，定位为"儿童读物"。故事内容很容易激发阅读兴趣，是很好的泛读材料。另一方面，这个系列的文学性非常强，在各国都有很多学者专门从事对这几册书的学术研究，它丰富的想象力和书中借幻想题材表现的历史、社会问题都为人称道。不过，这个系列作为课外读物的缺点在于，现有的英文原版书没有搭配中文翻译或词汇讲解。小学生在阅读过程中，遇到的困难会相对较多，初二、初三的同学可以尝试借助词典阅读。

书籍名称：《新概念英语》

（外研社）

适合年龄： 中小学生

推　荐　人： 韩冰（清华大学　经济管理学院、工业工程系　2015级本科双学位）

黄晓红（北京大学　城市与管理学院　2016级本科生）

推荐理由： 书中有很多有意思的小故事，会把每一课的新单词列出来，每一篇文章后面会有习题。既可作为应试工具，当作课外教辅资料进行深度学习和背诵，也可作为课外阅读资料，只要读读其中的文章、学学生词、做做题目就好，也能提高自己的英语能力。

第五周　第一天
理　想　之　光

　　北京大学社会调查研究中心有一项研究发现，进入清华、北大的学生之所以能考入国内顶尖学府，与其从中小学阶段开始便树立了远大的人生理想和明确的奋斗目标，有很大的关系。该项研究将大部分学生成功成材的根本归因为三大成功黄金定律：一是远大的人生理想与明确的奋斗目标；二是高效率的学习与坚持不懈的努力；三是家庭教育与学校教育的完美结合。这一部分，我们将与考入清北的学生代表一起，共同探讨理想，找到方向，从而更加坚定地走下去。

第一部分　正课

前行者的理想之路

按照教材指定地址
学习本节视频课程

理想笔录

根据状元分享视频,记录下对你来说感触最深的内容,完成下表。

前行者	理想之路
姓名: 院系:	
姓名: 院系:	
姓名: 院系:	
姓名: 院系:	
姓名: 院系:	
姓名: 院系:	
姓名: 院系:	

第二部分　实践

我 的 理 想

以梦为马,不负韶华
绘制理想,寄语未来

梦想板

按下面的提示,认真思考,完成本项任务。

现在的你,是否已经找到了自己的理想?你的理想是什么?未来,你想从事什么样的工作?你想成为什么样的人?你想去到哪些美丽的地方?你想实现什么样的梦想?你想做到什么样的成就?认真想一想,找个安静的地方,用彩色的笔把你的理想在梦想板上画下来。

给未来的自己写一封信

现在是20____年,请给若干年后的自己写一封信。信的内容可以是自己的理想,可以是对当前自己和当前现状的总结,也可以是自己的一些学习烦恼等。写好之后,把这封信折好,找个信封,把它装进去,妥善保管,等若干年后再开启。

亲爱的_____:

签名:_____

日期:_____

第三部分 升华

理 想 保 鲜 剂

倾听清北状元理想实现
激发你我奋进向上情怀

理想之光

田佳轩　北京大学　历史学系　2016级本科生

虽然,在录取前就已经和招生组进行了多次沟通,并确定了所学专业。不过,当真正拿到通知书的时候,感觉自己多年付出的努力终于得到回报的我依然十分高兴,亲朋好友们也纷纷为我感到骄傲。

在北大读书是一种怎样的体验?这是很多同学感兴趣的。在北大读书,最大的不同就在于这里是全中国最好的大学,有很多的机遇。中国的大学层次很多,但顶尖的只有北大、清华两所。北大有一半的学生都会有出国交流学习的机会,只要你稍微努力,出国几乎不是问题。学识方面,更不用说。这里的老师都是国内顶尖的,并且越是大师越没有架子,会教给你很多知识和人生哲理。北大每年有很多著名人物前来演讲,比如很多国家的政要和成功人士来中国访问都会选择在北大发表演讲,作为北大学生,自然就可以获得聆听"大师课"的机会。

考上北大的同学,大多数在高考前就已经树立了自己的理想或目标。我是在高中阶段,才立志考取北大的。为了考上北大这个梦想中的高等学府,我每天早起晚睡,拼命学习,寻求方法。经过三年的不懈努力,终于得偿所愿。

上了大学之后,想着能够留下继续在北大读研究生,所以,现在仍然在努力,所幸又保送了本校研究生。只要有理想,肯努力,要相信一切都是可以实现的。

薛陈　清华大学　经济管理学院　2016 级本科生

　　说实话,我在高考之前,并没有想过考清华、北大。我就是踏踏实实地把知识学好,每天做自己该做的事情,不骄不躁,持之以恒。或许正是这种一以贯之的求学习惯和不卑不亢的学习态度,让我每次考试都能心绪镇定,发挥也比较稳定。

　　所以,最后当我得知自己被清华大学录取的时候,还挺平静的,在那一刻,我深深理解了"天道酬勤"的含义,真是一分耕耘一分收获,没有我十几年如一日的坚持和付出,也不会有这样令人满意的结果。

付瑞璐　北京大学　新闻与传播学院　2016 级本科生

　　小学的时候,我的梦想是当一名科学家;到了初中,我最大的梦想也就是进入我所知道的最好的高中;到了高中,我的理想就是考入一所我比较满意的大学。我其实没有把北大作为我的初始目标,因为我觉得当时的我可能能力还不够,我没有办法确认自己能否达到那个高度。

　　为了实现理想,我就开始设立一个个小的目标,从完成每天的作业到取得阶段性考试第一的成绩;从每天多背 10 个单词到全科累积提升至某个分值。正是这些一个又一个的小目标,一步步成就了最终在高考上取得佳绩的我。

李王子博　清华大学　工程物理系　2019级本科生（高考数学满分）

我相信对于大多数学生来说，清华、北大都在大家心中占据了至高无上的地位，我也不例外。从小到大，我都梦想着有一天能够通过自己的努力，进入清华大学的大门。

当然，这个过程并非一帆风顺。从小学到高中，我也经历过低谷，也遇到过成绩无法提高的困难，但当我把这些都经历过了以后，发现这些困难和低谷并不那么重要。相反，过程中那些苦与累在我心中留下了深刻的印象。

在收到清华大学录取通知书的时候，我有些许激动，但更多的是对未来生活的期待。因为我知道，从那时起，高考成绩代表了过去，已失去意义，我该去往一个新的阶段开始新的奋斗了。周围的朋友以及家人非常激动，这也算是为他们争了光。

在去清华之前，我一直都以为进入清华、北大这种名校，所获得的不过是更好的老师教你，然后你会获得一个超于一般人的学历，当作以后工作的敲门砖。

但当我真正进入校园之后，才发现清华带给我的远不止这些。这里浓厚的学习氛围时刻激励着我前行。并且身边全是优秀的人，他们让我明白什么是人外有人，也让我更加努力地去弥补自己的不足。

张毅　清华大学　数学科学系　2019级本科生（高考数学满分）

当收到清华大学的录取通知书时，我的内心比较平静。因为我当时觉得有那么一丝丝愧疚与遗憾。高考时，我并没有发挥到极致。不过拿到录取通知书时，我周围的人倒是挺激动的，我妈妈甚至哭出了声。当时我内心有那么一点点不安，想要在今后的学习中更加努力，能够配得上这张录取通知书。

后来，进入到清华园读书，我发现这里没有大家所描述的那种松散的大学氛围。在这里，大家都在很努力地朝着自己的梦想努力；在这里，很多人都比自己高中时还要努力。我深受这种气氛的感染，努力地学习，去追逐自己的梦想。

雷瑞清　清华大学　能源与动力工程　2017 级本科生

收到录取通知书的时候，由于我已经知晓被录取的消息，所以心情比较平静。虽然这样，在看到录取通知书的那一刻，我还是觉得很开心，觉得 12 年的努力终于看到了结果。我几乎把清华录取通知书套装里的所有文字材料、《入学指南》表格上的所有文字都看了一遍。心想，不久之后，我就将带着这些前去清华大学，那个万人敬仰的地方。

在清华读书，我最大的感受是，周围的同学藏龙卧虎，大家的水平都很高，不单是学习、社工、体育，甚至在生活领域，大家都很厉害。

关于理想，我想做一个有人文素养的科技工作者，就是既能在科技领域为祖国做贡献，又能在文化领域有比较深的涉猎。为此，虽然我在初中、高中阶段一直在偏理工科的课程体系中学习，但我一直没有放弃让自己多去阅读人文作品，来拓宽自己的视野。多背些诗词，多读些古文，给心灵找个归宿。

高灵毓　北京大学　中文系　2016级本科生

我就读于北大中文系，这个专业对我而言，与其说是高考之后的一次选择，不如说是绵延了十几年的一个伏笔，或者说这是我十几年来，为20岁的自己找到的最合适的位置。六年级的时候，我开始明确地有"以后想写东西"的想法，也是从那时起，第一次开始了解北大中文系。

"我以后想上北大中文系"这句话，从当时的我嘴里说出来，是一件狂妄到显得幼稚可笑的事情。我们家住在新疆克拉玛依的一个小镇里，只有一所高中、一所初中，那个地方大概几十年也不可能有人考上清华、北大。但一个看起来遥不可及的梦想，会从远方放出绳子来，帮我找到下一个乃至再下一个阶梯。后来，我就在不知不觉中发现自己已经到站了。

黄晓红　北京大学　城市与管理学院　2016级本科生

收到北大录取通知书的时候，我真的是非常激动和惊喜。我虽然成绩一直比较好，在学校里排名第一，但我们学校是县级中学，而且在河北这个高考强省，竞争十分激烈。我并没有抱太大的希望能考上北大，只是觉得自己尽力就好。激动过后，就十分平静了。我同学的一句话点醒了梦中人，她说，"黄晓红，这是你应得的"。是的，我高中中的努力，他们都看在眼里，所以考上北大，他们觉得这是理所应当。

在北大求学的四年间，宝贵的收获真的是难以用语言来表达——能力的提升、知识的储备，遇到了很多优秀同学，这 4 年是我蜕变与成熟的重要阶段。

目前，我保研到了北京协和医学院，转专业攻读临床医学博士学位。我一直觉得医生是一个神圣的职业，我是大三的时候才打算去学医，并且准备转专业保研的。人生的精彩就在于它的未知。理想和现实会有很大差距，不必纠结自己以后想做什么，你可以做的就是永远做更好的自己，这样在机会到来的时候，自己才有能力抓住机会。

第五周　第二天
目 标 管 理

状元之道： 树立远大的人生理想
制 定 明 确 的 奋 斗 目 标
行 动 到 位 , 坚 持 努 力

求学之道： 使目标清晰可视化
让 计 划 具 体 可 实 施
按 步 推 进 , 不 惧 艰 辛

第一部分　正课

前行者的目标征程

按照教材指定地址
学习本节视频课程

目标笔录

根据状元分享视频,记录下对你来说感触最深的内容,填写下表。

前行者	目标达成途径
姓名: 院系:	
姓名: 院系:	
姓名: 院系:	
姓名: 院系:	
姓名: 院系:	
姓名: 院系:	
姓名: 院系:	

第二部分 实践

我的目标

针对当前的实际情况
制订切实可行的计划

制定学习目标

请根据自己的实际情况,结合清华、北大状元们的分享,制定属于你的学习目标。

姓名		就读年级	
制定时间		见证人	
目标大学			
学校名称			
考取条件			
目标高中			
学校名称			
考取条件			
近期目标			
成绩总分		班级排名	
语文成绩		数学成绩	
英语成绩		( )成绩	
( )成绩		( )成绩	
( )成绩		( )成绩	
( )成绩		( )成绩	
目标达成日期			

制订学习计划

请根据制定的学习目标,结合下表提示,制订你的学习计划。

序号	计划列表	内容提示	计划日期
1	学期整体学习计划	总分:_____ 排名:_____ 任务:_____ 时间节点:_____	
2	语文单科学习计划	目标成绩:_____ 学习任务:_____ 时间分配:_____	
3	数学单科学习计划	目标成绩:_____ 学习任务:_____ 时间分配:_____	
4	英语单科学习计划	目标成绩:_____ 学习任务:_____ 时间分配:_____	
5	其他学科学习计划	目标成绩:_____ 学习任务:_____ 时间分配:_____	

（续）

序号	计划列表	内容提示	计划日期
6	课外学习计划	学习内容：_____ 学习目标：_____ 时间安排：_____	
7	每周学习计划	学习内容：_____ 计划任务：_____ 时间安排：_____	
8	每日学习计划	各科时间安排：_____ 周总结：_____ 周调整：_____	
9	课外阅读计划	语文拓展学习计划：_____ 英语拓展学习计划：_____ 其他拓展学习计划：_____	
10	假期旅游计划	目的地：_____ 出行方式：_____ 费用筹备：_____	
11	弱势科目补强计划	根据学习情况：_____ 弱势科目强化：_____	

第三部分　升华

目 标 催 化 剂

学习清北状元目标达成
反思自我现状计划行动

目标寄语

张晓彤　北京大学　国家发展研究院　2018级本科生
（高考数学149分）

也许你们现在并不知道自己的目标是什么样的，并不知道自己想要去哪里，但如果我这样问你：将来，你最不想去哪里？最不想做什么工作？最不想过什么样的生活？如果你现在对自己的未来有一点点想法了，那么不妨再想一下，如何才能拥有未来理想的生活？

拿我自己来说，我说我以后想要成为一个企业经济学家，那么，我是不是首先需要考上大学学经济学？而且至少是一个好的大学，这样学位含金量才足够支撑起我的理想。

那么，如何考一个好的大学呢？这就具体到了高考要考多少分，才能达成自己的目标。那么，为了高考拿到这个分数，现在又需要做出什么样努力。如此一般分解目标，便能够让目标影响现实，激励自己不断向前。

高灵毓　北京大学　中文系　2016级本科生

此时此刻，回顾自己的求学经历，基本上可以用"兴趣指引选择，磨炼能力为兴趣兜底，努力拓展生活的边界"来概括。

我本科学习的专业是中国语言文学，与研究生即将就读的专业——戏剧影视学，都与我日常爱好相关。即使是与学业关联并不紧密的兴趣爱好，对我成为如今的自己，也有非常重要的影响。

绘画，让我拥有了一个疏导情绪的出口，我也初步理解了"美"这个概念；跆拳道，让我学会使用策略、学会忍耐疲惫和肢体上的痛苦；辩论，让我在北大获得了第一份自我认知、自我认可的底气，推动我去关注社会事件与社会问题。

在我一开始接触这些事物的时候，我并没有抱着什么功利的目的，但最终，它们确实都以各种各样的方式回馈了我。祝愿学弟学妹们都能找到学习的兴趣点，找到能够陪伴人生的喜好，既能得到果实，也能欣赏繁花。

韩冰　清华大学　经济管理学院、工业工程系　2015级本科双学位

要给自己设立一个实际可行的目标。不能单纯地说"我要好好学习"，而要设定具体可见的目标："我要考上＿＿＿＿＿中学，要考＿＿＿＿分；每一个科目需要＿＿＿＿分；对于数学，我还差＿＿＿＿分；＿＿＿＿类型的题目丢分了，要花＿＿＿＿时间去弥补。"

黄晓红　北京大学　城市与管理学院　2016级本科生

在求学阶段，我会给自己设立比较清晰的目标，大到中考、高考的分数，小到每一次考试的分数，我都会做出一定的计划。因为只有制定了一个清晰的目标，才能找到差距，才能了解自己未来需

要前进的方向。我不只会制定总分目标,还会去列出每一个单科的目标成绩,甚至详细划分到每一类题型的分数。

每一次考试之后,我都要与目标成绩作对比,直到距离自己的目标越来越近。与自己的目标分数相差较多的科目或者题型,一定要做一些针对性练习,不要让自己偏科。要相信一切都是熟能生巧,通过反复学习和巩固,一定可以实现自己的目标。千万不要气馁,成功需要持之以恒的努力。

李王子博　清华大学　工程物理系　2019级本科生(高考数学满分)

不同的阶段要有不同的目标,目标需要根据实际情况做实时调整。

在小学,我的目标是将成绩稳定在一定的分数。因为小学时期互相之间成绩差距不是太大,科目较少,因此,制定关于分数的目标会比制定关于排名的目标,更加明确。我当时的目标是数学100分,语文95分以上,完成的情况还不错。

到了初中和高中,我的目标就开始逐步转化为了排名目标,为了达到目标排名,每一科我都会设一个小目标,但也会有变动,只要总排名达到了就好。我初中的目标是保持在年级前五名,并向第一名冲击,这个目标后来实现了。制定目标,最重要的是符合自身的实际情况,还要考虑时间、学习条件等外在因素。当目标制定好了之后,最重要的是去执行,将目标铭记于心,而不是只在形式上制定目标,之后就不予理睬。

王宇 北京大学 法学院 2015级本科生、2019级硕士生
（高考数学满分）

我的小学和初中成绩基本上稳居班级前列，所以我的目标一直都是班级第一和年级第一，一旦有人超过我，我就会去找我跟别人的差距在哪里，然后再努力把差距补上来。

我认为制定目标首先一定要切实可行，目标不能定得太高，也不能太低，要符合自己的能力水平。而且目标要尽可能具体，例如，"我"要考多少分、"我"要考第几名、"我"要超过班里的哪位同学等。目标具体了，实施起来才能知道自己和目标之间的差距，方向感才会更加明确。

张毅 清华大学 数学科学系 2019级本科生（高考数学满分）

以前上高中时，我会给自己设立学习目标，比如下一次考试要考多少分，哪些知识点必须要掌握。我会把自己的目标，写在一个小本子上，时不时地就去翻一翻，时刻督促自己要努力。所以，我的学习目标一直完成得挺好。

学习目标的制定，首先一定要比自己目前的水平高，但不宜高出太多。我不赞同把分数直接作为制定学习目标的标准，因为每一次考试成绩的含金量都不一样。对于正在就读小学、初中的学弟学妹们，一定要趁着自己智力发展最快的阶段，努力多学点知识，让自己的大脑发育得更完善。相信你们现在所做的一切，都会在将来的某一天得到回报。

后 记

编著本书的初衷，是对当前教育方式的一种探究和思考。即在学习真谛层面，我们究竟如何停止无谓说教，将教育之"矛"转向正确之"的"。说起学习，大多数人都认为学习涵盖的无外乎就是习惯、方法、经验，然而这些只是学习的毛发。毛发之下，隐藏的学习真相却是：大多数学生对于道理一听都懂，然而落实到行动却一做全乱套。当下的教育系统，不缺高明的教育理论，不乏精巧的解题策略，但能让理论和策略实现效果的，必定是受教育者的主动实操。这种环境下，有没有一种可操作、可量化的工具，能将先行者（清华、北大等一流高校学生）的优质学习经验与方法，以体验式学习为手段、以行为可量化为工具，使学习者（当前中小学生）不止于"知道"，更能"做到"，进而促成优秀学习能力的继承与内化。

《状元学习法——学习习惯养成计划》是一套工具书。针对当前中小学生核心的 30 个学习主题，以视频学习＋主题训练为设计要素，以自我筛查、状元点拨、反思学习、行为修正为训练手段，通过以"知行合一"为主旨的体验式训练，协助受教者主动参与，养成习惯，提升学习素质。

本书编著过程中，得到了清华大学、北京大学各院系在读学生们的大力支持，尤其感谢田佳轩、薛陈、李雪丹、付瑞璐、黄晓红、高灵毓、雷瑞清、韩冰、王宇、张晓彤、李王子博、张毅等同学（排名不分先后）的真诚付出，在此一并表示感谢。

王大明